法官的日常

原來法官這樣想，你一定要知道的法律知識

休閒服　　　　法官袍

購物袋　　　　六法全書

藍白拖　　　皮鞋

這本書很正常

「法官是人不是神,這句話我強調好幾次了。有時候,也可說:法官是正常人。」

「有時候法官的想法,真的和正常人一樣。」

讀到這兩句話,就知道,這本書真的很正常。

繁重的工作壓力下,逛逛浩瀚無涯的臉書宇宙,是我的日常消遣。除了提醒自己別待在侏羅紀公園裡不問世事,也要開開眼界,讓想像力奔馳,彷彿世界與我之間有了更多的連結。專業職人的各種粉專,百花盛開,演算法之下常常推到我眼前的就是法律工作者,最常見到的當然是側腰挺胸雙手交叉自信微笑的律師,裡面除了強調自己勝訴率百分之百,當然還要把法庭上昏庸愚昧腦袋進水的檢察官法官罵一輪,才可以顯現自己多麼正義必勝 LEGAL HIGH。

等等,有一個漫畫粉專特別不一樣,居然在連載「法官的日常」?短短幾行字、簡單三四格圖畫,勾勒出法庭的酸甜苦辣百樣人生,看似搞笑卻是深沉探問,各種荒謬情節如實描述,彷彿在現場連線轉播;對話活靈活現,反轉的結局讓人噴飯,不僅僅抓住各個法律程序的重點,偶爾灑點諷刺意味、卻也帶著溫柔的提醒反思。難得有人願意以體諒的角度,客觀地讓大家理解法官有時候不耐煩的語句只是真的肚子餓了渴了想上廁所了,法官不僅想法跟正常人一樣,其他的,都

一樣！！這個粉專從此入了我的眼，列為最愛追蹤系列。總是在笑中帶淚的感觸中，默默記下一些細節，「下一篇專欄文章可以用！」我心中這樣想。

每天追蹤，雖然不解為何主角法官是男性且禿頭（我看到的都是禿頭男律師），有幾篇感覺有點熟悉感，咦？這不是我上一篇專欄文章的類似情節嗎？果然是Ｐ律師，會在漫畫尾端附上一句「此篇靈感來自《章魚法官來說法》」。好小子，我都還來不及寫篇文章向你致敬，你就先把姐姐（阿姨吧其實）的法官日常以及不正常拿去用了？

我邀請Ｐ律師為我的第二本書《章魚法官的家庭法學課》寫序，他一口答應，我回覆：「法官的日常給你寫，不正常歸我寫。」我們已經說好，要用淺顯易懂的方式，寓教於樂，置入性行銷最重要的法律常識。

希望有一天，長髮披肩眼神晶亮嫵媚動人的女法官可以上場（但絕對不是我）。我繼續寫，Ｐ律師繼續畫。總有一天，法治會萌芽，長得跟大樹一樣高。

章魚法官

（現職法官、斜槓作家，著有《章魚法官來說法》《章魚法官的家庭法學課》）

《法官的日常》
讓社會大眾更了解法官

這一天早上。我跑完步，搭乘捷運走到辦公室開始上班，看到便利商店架上有我喜歡的飲料買一送一，我順手抓了四瓶，到辦公室開始寫裁定。

你對法官的印象是什麼？是高高在上，是位高權重，還是恐龍以及不食人間煙火的書呆子？這是一般人對法官的印象。

可是你有沒有想過：
週末時，你在電影院的影廳中，看著阿湯哥從山上騎著機車衝下來，坐在你隔壁，跟你一起驚呼的那個人，是一個法官。

用餐時，在你常去的夜市的平價牛排店隔壁桌，吃著鐵板麵和豬排的，結完帳還去隔壁攤位買燒酒螺的那個人，是個法官。

戶外轉播時，因為陳金鋒的全壘打，王建民的伸卡球，跟你一起大呼，一起大喊的那個人，是個法官。

是的，其實法官跟你，跟我一樣，是個普通人，只是他們做的工作叫做法官。他和你我一樣，會哭、會笑、有自己的想法。只是因為他們念的是法律，只是因為他們工作必須要有證據，只是因為他們工作需要論理，所以造成了他們跟其他工作的人格不同。但他跟你我一樣，都是生活在這個社會的一份子。

如同序文的一開始，其實我的生活跟正在看這本書的你並沒有差太多，看到特價商品也會想要去買。

這本法官的日常，就是要傳達這樣的事情。Ｐ律師想要告訴我們的，其實就是法官和一般人沒什麼不同，也會有迷信，也會想吃美食，他以簡單明瞭的方式讓大家了解法官平常所過的生活，以及所想的事情。除此之外，他也讓大家知道，在法官審判之時，可能會想什麼，考慮什麼？

這本書不是教你怎麼打官司，也不是法院的教戰守則，只是讓社會大眾更了解法官。

或許你有法官或在法院上班的朋友，看著他們，你會不會覺得他們的生活很一板一眼呢？抑或是你覺得不太敢接近他們呢？如果你也是這樣，那你可以翻一翻這本書，你真的會發現，法官的家裡，也有大同電鍋，也會滷豬腳。

寫到這邊，晚餐的時間到了，今天晚餐就吃個火鍋加芋頭好了，這不會是唯一死刑的火鍋吃法喔。

希望你可以和我一起享受這本書帶來的樂趣。

一強 10/28 於辦公室

唐一強 臺北高等行政法院法官

以輕鬆幽默的筆觸，
帶讀者走進法院的世界

我在十幾年前甫分發之際，曾聽聞到院方擔任法官的同期同學抱怨過一事。

她說，同辦公室某位大學長在她報到時，曾問要否一起團購仙人掌。她一臉狐疑，不知道為什麼要買這個，學長嘆了口氣，緩緩開釋著：

「唉，年輕人終究是年輕人，仙人掌可以把案件『刺』出去啊，難道妳想收大案、爛案？」

我同學一聽大驚，嚇得立刻填表，團購了一株桌上型迷你仙人掌，並對大學長的貼心指點，感動得熱淚盈眶。

一年過去了，我同學仍常收到困難案件，總覺得她桌上那株仙人掌沒發揮太大作用。後來某次經過大學長辦公桌旁，突然看見學長自己的仙人掌超大株，約莫半身高這麼大。我同學簡直快暈倒，現在總算知道為何難案都是她收的原因了。原來，是一「仙」還有一「仙」高啊……

法院、地檢署也是一種職場（當然，也有人形容這是個「修羅場」），一般職場會發生的勾心鬥角、人情冷暖、歡笑淚水，在司法圈一樣都不少。畢竟，法官、檢察官也是人，有人的地方就有江湖。說來可笑，從前某些司改團體硬要拿年紀來說嘴司法官，屢屢以「奶嘴司法官」汙名化年輕的司法從業人員，殊不知在法官的辦公桌上堆滿

的卷宗裡，都是每一個當事人的真實人生，誰又能比法官、檢察官更快速、更有機會見識到這殘酷的社會？（更諷刺的是，現在的國民法官只要年滿 23 歲就可以當，卻未曾見這些司改團體譏之為「奶嘴國民法官」。）

司法的場域向來肅殺，法官基於專業倫理操守，必須維持公平的外在形象，對於法庭上發生的各種光怪陸離，不論再怎麼想罵髒話，也不能真實顯露出自己內心世界裡的 OOXX（曾有法官只是稱呼當事人一聲「大姐」，就被投訴抗議）。也因此，身為執業多年資深律師的本書作者，能以輕鬆、幽默的筆觸，或擷取自己親身見聞，或收錄他人發生過的法庭趣事，帶讀者走入法院神秘的內在小世界，引導讀者更貼近司法人員的腦迴路，感受法官做為一個人的溫度，也算是幫諸多故事中的法官，向社會傳遞那股藏在心中的吶喊。

欣見本書的問世，期盼讀者在進入一個又一個的法庭故事情境時，能同時對我國司法制度與司法從業人員建構正確的想像與理解，我想，這即是本書為這個社會帶來最重要的意義。

姜長志 臺灣臺北地方檢察署檢察官

我經常遇到民眾問：這案件法官會判我們贏嗎？法官會怎麼審我們這個案件？我也常常遇到民眾誤解法官有很多時間審理每一個案件，或法官有充分時間看每個案件資料。甚至有不少民眾誤以為法官是全知全能的，法官就像是古代的包青天。

我總和民眾說：法官是人不是神。法官和我們一樣是人，工作太久會累，也會有成見與情緒。雖然法官坐在法庭上審理案件，但法官是人，不是神。上了法院，我們就要盡可能說服法官，不要以為法官什麼都知道。

我因此開始思考如何用漫畫告訴民眾：法官先是人，才是法官。是人都有日常，法官也是人，當然也有日常，不論是工作還是生活日常。

為了讓民眾投入漫畫中的法官角色，我思索創作一個法官主角，由這法官主角呈現法官的日常。我想到之前畫了一個禿頭法官，因為禿頭極為明顯，故常有網友問為什麼法官是禿頭，或是問某則漫畫的法官怎麼沒有禿頭了。由此可見禿頭法官是個令人印象深刻的人物，又符合案牘勞形的形象，我便決定開始用禿頭法官為主角，開始畫法官的日常。

由於極少有法官會主動分享自己的日常，一般民眾自然難以知悉，這堅定我創作法官的日常，讓民眾有些許認識。為了貼近法官真實日常，我則從身邊法官、檢察官、在法院工作的朋友與律師取材，也閱讀法官的訪談、著作與新聞，試圖呈現法官各方面的日常。

希望大家在閱讀本書時，可以會心一笑，在漫畫幽默中了解法官日常，又多一點法律知識。

這本書能夠出版，首先感謝支持「Ｐ律師：漫畫法律人生」的每位朋友。感謝提供素材給我的前輩與朋友，我才能畫出一篇又一篇的漫畫。承張瑜鳳法官（章魚法官）、唐一強法官與姜長志檢察官慨然推薦與賜序，為本書增加許多光采，衷心感謝。感謝增娣副總編，如果沒有副總編的孜孜不倦，本書就不會出版。還要感謝摯愛家人，特別感謝老婆、女兒與兒子的陪伴，斷除我一切煩惱，給我前進的能量。

在寫這篇作者序時，想起幾年前老家共有土地糾紛上法院，法官因而到現場履勘，阿公與阿媽對法官畢恭畢敬的畫面。最後，謹以此書獻給看我從小到大畫畫的阿公與阿媽，他們過去的陪伴與鼓勵我畫畫，成就了本書。

CONTENTS
目錄

推薦序

這本書很正常——章魚法官 ……………002

《法官的日常》讓社會大眾更了解法官

　——唐一強法官 ……………004

以輕鬆幽默的筆觸，帶讀者走進法院的世界

　——姜長志檢察官 ……………006

自序 ……………008

CHAPTER 1
法官原來這樣想

這位先生，我們到終點站囉‧‧‧‧‧‧‧‧018

盡可能讓人暢所欲言的法官‧‧‧‧‧‧‧‧020

澆花可能性‧‧‧‧‧‧‧‧‧‧‧‧‧‧‧‧‧‧022

我是來辦離婚的‧‧‧‧‧‧‧‧‧‧‧‧‧‧024

判決裡有寶可夢‧‧‧‧‧‧‧‧‧‧‧‧‧‧026

遇到問題抓頭髮的法官‧‧‧‧‧‧‧‧‧‧028

為什麼有法官喜歡勸和解？‧‧‧‧‧‧‧‧030

法官是正常人‧‧‧‧‧‧‧‧‧‧‧‧‧‧‧‧032

法官的說教‧‧‧‧‧‧‧‧‧‧‧‧‧‧‧‧‧‧034

法官的看法決定了判決結果‧‧‧‧‧‧‧‧036

我們下次開庭定在‧‧‧‧‧‧‧‧‧‧‧‧‧‧038

判決寫好放幾天‧‧‧‧‧‧‧‧‧‧‧‧‧‧040

犯錯一定就是壞人嗎？‧‧‧‧‧‧‧‧‧‧042

禿頭法官之法（髮）的轉折‧‧‧‧‧‧‧‧044

做夢也要改革司法‧‧‧‧‧‧‧‧‧‧‧‧‧‧046

CHAPTER 2
法官的生活日常

吃不飽的尾牙⋯⋯⋯⋯⋯⋯050

忙碌後要吃什麼呢⋯⋯⋯⋯⋯052

亞歷山大的法官⋯⋯⋯⋯⋯⋯054

法官，你的腰還好嗎⋯⋯⋯⋯056

法官也會逛市場？⋯⋯⋯⋯⋯058

法官也會滑臉書⋯⋯⋯⋯⋯⋯060

法官薪水也要上繳⋯⋯⋯⋯⋯062

法官紓壓的方法⋯⋯⋯⋯⋯⋯064

法庭劇影響深遠⋯⋯⋯⋯⋯⋯066

健身有成的法官⋯⋯⋯⋯⋯⋯068

買登機箱不手軟的法官⋯⋯⋯070

愛看社區公告的法官⋯⋯⋯⋯072

當法官收到詐騙訊息⋯⋯⋯⋯074

當法官們一起爬山時⋯⋯⋯⋯076

法官也有宿舍可以申請⋯⋯⋯078

當法官碰到拗免費法律諮詢⋯⋯080

法官今天休假喔⋯⋯⋯⋯⋯⋯082

半夜睡不著覺的法官⋯⋯⋯⋯084

如何做一位快樂的法官⋯⋯⋯086

火鍋放芋頭唯一死刑⋯⋯⋯⋯088

涉及詐欺罪的雞蛋牛奶冰⋯⋯⋯090

CHAPTER 3
法院傳說、奇人與趣事

4.5 顆星的臺中地方法院餐廳 ⋯⋯⋯⋯094

世紀帝國的帝⋯⋯⋯⋯⋯⋯⋯⋯⋯096

全國最多的死人在槍砲庭⋯⋯⋯⋯⋯098

在法院餐廳辨別身分的方法⋯⋯⋯⋯100

沒有電梯的法院⋯⋯⋯⋯⋯⋯⋯⋯102

法官，我沒有販毒而且家有老⋯⋯⋯104

法官，我們沒什麼錢⋯⋯⋯⋯⋯⋯106

法官開庭也要會台語⋯⋯⋯⋯⋯⋯108

法院也需要乖乖，但不要五香乖乖⋯⋯110

逃員地方法院？⋯⋯⋯⋯⋯⋯⋯⋯112

犯罪常出現的暱稱⋯⋯⋯⋯⋯⋯⋯114

螃蟹有沒有比較肥⋯⋯⋯⋯⋯⋯⋯116

辦桌打包的腿庫超好吃⋯⋯⋯⋯⋯⋯118

關於法院分案的傳說⋯⋯⋯⋯⋯⋯120

關於法袍的傳說⋯⋯⋯⋯⋯⋯⋯⋯122

聽說案件卷宗不能放地上⋯⋯⋯⋯124

法官，我有去廟裡求籤⋯⋯⋯⋯⋯126

你是哪裡人？⋯⋯⋯⋯⋯⋯⋯⋯⋯128

全國最多的孝子在羈押庭⋯⋯⋯⋯130

做虧心事的人才需要請律師？⋯⋯⋯132

CHAPTER 4
法院訴訟二三事

上法院告人不是免費的喔⋯⋯⋯⋯⋯136

勘驗是很稀鬆平常的⋯⋯⋯⋯⋯⋯138

請問暗號⋯⋯⋯⋯⋯⋯⋯⋯⋯⋯140

戲裡演的開庭遞狀不要學⋯⋯⋯⋯142

合議庭要有三個法官⋯⋯⋯⋯⋯⋯144

案件開花了⋯⋯⋯⋯⋯⋯⋯⋯⋯146

法官常看後退的書狀⋯⋯⋯⋯⋯⋯148

筆錄很重要喔⋯⋯⋯⋯⋯⋯⋯⋯⋯150

法官，這是我親筆寫的訴狀⋯⋯⋯⋯152

沒這麼恨對方了⋯⋯⋯⋯⋯⋯⋯⋯154

國民法官之勿以貌取人⋯⋯⋯⋯⋯156

請法官主持正義⋯⋯⋯⋯⋯⋯⋯⋯158

給法官看的作文只寫重點⋯⋯⋯⋯⋯160

愛問問題的法官⋯⋯⋯⋯⋯⋯⋯⋯162

法官開庭的態度⋯⋯⋯⋯⋯⋯⋯⋯164

如何向法官許願⋯⋯⋯⋯⋯⋯⋯⋯166

不用戴口罩的一天⋯⋯⋯⋯⋯⋯⋯168

到底要不要小孩出庭陳述意見？⋯⋯170

很有耐心的法官⋯⋯⋯⋯⋯⋯⋯⋯172

當法官一天收到四份撤回起訴狀⋯⋯174

請法官引用我會勝訴的條文⋯⋯⋯176

法官，他說的和調解時的不一樣⋯⋯178

CHAPTER 5
多一點法律常識

加班的法官遇見加班的詐騙集團⋯⋯⋯182

有原則就有例外⋯⋯⋯⋯⋯⋯⋯⋯⋯⋯184

老師這樣影印違法喔⋯⋯⋯⋯⋯⋯⋯⋯186

沒被抓包就沒有前科⋯⋯⋯⋯⋯⋯⋯⋯188

法官，我同意與對方離婚⋯⋯⋯⋯⋯⋯190

法官，我是你同學⋯⋯⋯⋯⋯⋯⋯⋯⋯192

問候的發語詞⋯⋯⋯⋯⋯⋯⋯⋯⋯⋯⋯194

蛋蛋一顆三十萬⋯⋯⋯⋯⋯⋯⋯⋯⋯⋯196

這樣放影片違法喔⋯⋯⋯⋯⋯⋯⋯⋯⋯198

備選國民法官通知書⋯⋯⋯⋯⋯⋯⋯⋯200

提供帳戶幫助詐欺的日常⋯⋯⋯⋯⋯⋯202

腳底按摩與內線交易⋯⋯⋯⋯⋯⋯⋯⋯204

鮮少敦倫⋯⋯⋯⋯⋯⋯⋯⋯⋯⋯⋯⋯⋯206

深夜三溫暖遇見有罪的被告⋯⋯⋯⋯⋯208

國民法官可能不是你想的那樣⋯⋯⋯⋯210

法官，登報道歉可以加愛心符號嗎？⋯212

法官，這兩個不是差不多嗎？⋯⋯⋯⋯214

到底誰要舉證⋯⋯⋯⋯⋯⋯⋯⋯⋯⋯⋯216

我打人是正當防衛啦⋯⋯⋯⋯⋯⋯⋯⋯218

有證據證明遺囑指印是假的嗎？⋯⋯⋯220

如果沒有遺產的話⋯⋯⋯⋯⋯⋯⋯⋯⋯222

氾濫的電話詐騙⋯⋯⋯⋯⋯⋯⋯⋯⋯⋯224

懂法律才不會被欺負⋯⋯⋯⋯⋯⋯⋯⋯226

CHAPTER 1
法官原來這樣想

這位先生，我們到終點站囉！

今天被告主張TDR
非有價證券…

嗶

TDR是不是有價證券？
如TDR屬證交法規範的有價證券…
根據證交法第6條規定是？
TDR本質雖為外國證券，但…

這位先生，我們
到終點站囉！

連下班坐公車都在思考法律問題的法官。

※ 本篇取自一位法官前輩的真人真事。

法官的工作是依據憲法及法律獨立審判，為了審理案件，法官必須認定事實與適用法律；為了認定事實，法官必須聽與看當事人怎麼說，有哪些證據支持；為了適用法律，法官必須了解法律與思考法律解釋與涉及的法律問題。

關於思考案件涉及的法律問題，是一件極燒腦的工作。

首先，必須先掌握案件涉及的法律問題有哪些。法律問題又可分為程序法的法律問題與實體法的法律問題，這些都必須一一釐清。

程序法的法律問題，例如：幾個人一起共有台北、台中與澎湖的土地，遇到其中一人訴請分割土地時，是哪一個法院管轄？還是每個法院都可以管？實體法的法律問題，如圖舉例：TDR 是不是「有價證券」？我國證券交易法第 6 條的「有價證券」範圍有哪些？

特別是很多法律問題是以前沒有討論過，法官必須自己花很多時間去思考。在這樣情況下，可能上班時思考、吃飯時也在思考。

之前看司法院影片，影片中最高行政法院吳東都法官提到為什麼他選擇坐公車而不開車上班？因為如果他邊開車邊思考法律問題，可能會出事。因此，他選擇坐公車或捷運，搭車時同時思考法律問題。有時候靈光一閃，就想到更好的切入點。

雖然法官坐公車思考問題不會出事，但可能坐過站喔⋯⋯。

02

盡可能讓人暢所欲言的法官

法官老婆表示：……。

※ 本篇靈感來自一位法官前輩說：盡可能讓當事人暢所欲言。

做法官很重要的工作是聽當事人說的話,而且不只是聽,還必須「聽懂」當事人說的話。

為了「聽懂」當事人說的話,法官必須讓當事人有時間說話,讓當事人可以說自己認知的事實與想要主張什麼。這樣說與聽的過程,就是「大腦同步」,就是當事人大腦與法官大腦同步,當事人看到的與想的就這樣一點一滴傳輸到法官的大腦。

不過,法官時間有限,在這樣情況下,多數法官會希望當事人長話短說,講重點。有些法官會說如果可以用書狀寫的,就以書狀表示。當然,也有法官讓當事人暢所欲言,讓當事人慢慢說。

就我的執業經驗,當法官讓當事人暢所欲言,有時還可以排解當事人賭的一口氣,有助解決紛爭。有時當事人在法官面前述說自己的主張,其實也在舒緩自己的情緒,原本堅持的條件就降低了,因而成立調解或和解。

有時法官經由當事人暢所欲言,可以知道當事人真的要的是什麼。例如:原告要的是一個道歉,可是依照目前憲法法庭判決,法院以判決命加害人道歉,有違憲法保障言論自由的意旨。在不能用法院判決對方道歉下,讓原告說出他真正的想法,然後經由調解或和解實現其目的,可以真正解決紛爭。

回到現實,法官時間有限,很難讓每個人都暢所欲言。

澆花可能性

> 法官，你這些盆栽都枯了…

> 為什麼還不丟？

> 因為他們看起來好像還有生命的樣子。

看起來是一位堅信教化可能性的法官。

這幅漫畫取自一位法官捨不得丟盆栽，結果貼在臉書後，網友說這是法官看盆栽有「澆花可能性」，後來又討論到教化可能性。

看刑案新聞報導時，很常會看到一句話：被告有教化的可能。

當碰到重大社會刑案，許多網友都會鼓吹死刑。等到判決出來，不是判死刑，鼓吹死刑的網友便開始罵法官是恐龍法官。

可是，法官必須依法審判，法官決定要怎麼判時，必須看法律規定。例如酒駕造成他人死亡，依照刑法第 185 條之 3 第 2 項規定：「因而致人於死者，處三年以上十年以下有期徒刑，得併科二百萬元以下罰金；致重傷者，處一年以上七年以下有期徒刑，得併科一百萬元以下罰金。」

不少人每次看到酒駕沒被判死刑，就罵法官是恐龍法官，就是忽略我國刑法規定酒駕不能判死刑。

再來，依照刑法第 57 條規定：「科刑時應以行為人之責任為基礎，並審酌一切情狀……。」也就是說法官量刑時，必須以犯罪人的責任為基礎。

實務上，法官會看被告的年紀、智識程度、案發前與被害人之互動關係、犯罪手段、情節、家庭狀況、教化可能性、犯後是否坦承犯行及有無與被害人達成和解等犯罪後之態度來決定判多久。

不過，關於「教化可能性」，許多民眾質疑如何評斷「教化可能性」，有沒有客觀可操作的標準？這部分如專研刑事法的謝煜偉教授在其研究寫到：「要如何檢證被告的教化可能性一事，未有充分論證，以致於適用上出現許多無所適從的問題。」

我是來辦離婚的

法官下班了⋯

臺灣臺北地方法院

計程車！

請到象山公園。

這麼晚下班，你是法官嗎？

司機大哥

不是，我到法院辦離婚⋯

要辦這麼晚？

司機大哥

如果有辦好就是好事，這邊有很多恐龍法官，聽說有一個禿頭法官⋯

司機大哥

這位禿頭法官就坐在後座⋯

※ 本篇漫畫靈感源自《章魚法官的家庭法學課》，頁 242 ～ 247。

之前看新聞，報導寫到有人叫外送表明自己是法官，還列了一堆要求；以前也有媒體報導警察查緝八大行業，業者有人出面表明自己是法官；近來則有婦人騎車被警方攔查，婦人強調自己老公是法官。

觀察我身邊認識的法官前輩與朋友，他們在日常生活通常不會表明自己是法官。

為什麼法官不會表明自己是法官？

第一，避免引起對法官的負面討論。可能因為新聞報導或民眾自己的感受，很多人講到法官就想到恐龍法官，否則就是說法官沒有社會經驗。因此，不說自己是法官，就可以避免開始一連串負面討論。

第二，避免被問法律問題。很多人一聽到是法官，就開始問自己遇到的法律問題。如果自己沒有法律問題，就開始問新聞事件的法律問題。所以，不說自己是法官，就不用回答法律問題。

第三，避免說自己是法官而有特別待遇。不少人聽到對方是法官，就自己主動給法官特別待遇。可是，法官倫理規範第 6 條規定，法官不得利用其職務或名銜，為自己或他人謀取不當財物、利益或要求特殊待遇。

那法官不說自己是法官，會說什麼職業？有各式各樣的回答：作家、公務員、在法院工作的人等等。

05

判決裡有寶可夢

女兒打擾一下喔，你知道烈空座嗎？

嗯？

爸爸你迷上寶可夢卡牌遊戲嗎？

欸，我是為了看懂大法官意見書…

還有阿爾宙斯…

「然而，就制度而言，刑法第 59 條並不是戰鬥力破表的烈空座神獸，一經召喚，即可克制阿爾宙斯而解除危機。反之，正因為法律效果過苛，所以才需要適用刑法第 59 條。如此召喚超級進化版的 59 神獸來解決累犯應加重規定的合憲爭議，正好凸顯該規定之實屬過苛、違憲。」

上述內容引自釋字第 775 號解釋黃昭元大法官提出的協同意見書。

釋字第 775 號解釋是討論二個問題：第一，累犯一律加重本刑，有沒有違反憲法罪刑相當原則？第二，裁判確定後，發覺為累犯者，更定其刑部分，有沒有違反憲法一事不再理原則？

你沒看錯，在這個討論累犯加重其刑是否違憲的大法官會議解釋，其中協同意見書裡頭提到了寶可夢的「烈空座」與「阿爾宙斯」。從這裡可以看得出來幾點事情，第一，黃昭元大法官是寶可夢愛好者（誤）。第二，黃昭元大法官試圖以大家平常接觸的寶可夢來說明刑法第 59 條。

對於不熟悉寶可夢的人來說，以寶可夢來舉例，可能是越看越看不懂，例如：什麼是烈空座？什麼是阿爾宙斯？畢竟舉例或類比，必須提出大家可能都熟悉的例子或大家均有的經驗，才能越說越清楚。

無論如何，黃昭元大法官這段論述試圖拉近一般人對於法律的距離與引發大法官解釋的話題，用心良苦。

遇到問題抓頭髮的法官

以後可以盡量抓了。

每個法官都有自己的開庭風格。

有的法官希望當事人在法庭上多說一點；有的法官希望當事人在法庭長話短說；有的法官則希望當事人用書狀寫清楚，開庭講重點。

如果可以，盡可能在開庭之前提早到法庭，先走進去聽負責審理自己案件的法官是怎麼開庭，觀察他是希望當事人在法庭上多說一點，還是希望當事人長話短說。

還有，可以觀察法官的反應。多數法官不會輕易洩漏自己的情緒，但有時候還是可以從細微動作觀察。例如之前旁聽一位法官的案件，我發現當這位法官碰到很難處理的問題，或是在想接下來怎麼繼續問問題時，就會抓頭髮。因此，當看到這位法官抓頭髮時，就可以筆記，之後回頭思考怎麼幫助法官處理這個問題。

總之，上法院最重要的目的，是和法官溝通，而不是吵贏對方。最好事先知道法官開庭態度與風格，和法官好好溝通，想著如何讓法官知道自己要主張的事實，讓法官聽進去也放在心上，才是開庭最重要的任務。

07

為什麼有法官喜歡勸和解？

真開心，今天好幾個案件調解和解成立。

是因為我捐了中發票的四千元嗎？

36922152

因調解或和解成立而開心的人往往比判決多。

有次和律師前輩聊到一位法官，那位律師前輩說：我遇過他好幾次了，他很喜歡喬和解。

為什麼有法官喜歡勸和解呢？

第一，紛爭一次解決。依照民事訴訟法，當訴訟雙方在訴訟上達成和解，這個和解與確定判決有同一之效力。也就是說一方不可以上訴，更不可以上訴到第三審。

第二，紛爭圓滿解決。有時候，當事人在意的地方沒辦法用法律與訴訟主張。例如車禍案件，被撞的人在法律上很難要求對方道歉，但是在和解時，可能會因為對方願意道歉而降低金額，一件紛爭就這樣解決了。

第三，不用浪費時間。一般民事訴訟案件，除非案情單純簡單明瞭，否則通常會開好幾次庭，每次開庭大概隔一個月左右，從起訴到判決會花很多時間。如果可以和解，法官和訴訟當事人就不用開好幾次庭了，書記官也不用要打好幾次筆錄，不用浪費大家的時間。

不過，有前輩透露真實心聲，法官勸和解，目的之一當然是為了紛爭一次圓滿解決。還有，案件和解了，法官不用一直開庭，更不用燒腦寫判決。

法官是正常人

高中生訪談法官：

法官你平常娛樂是什麼？

玩電玩薩爾達傳說。

法官開庭不用尿尿是真的嗎？

欸，我們也是人呀…

法官的身體也是肉身，不是鐵打的…

法官是人不是神，這句話我強調好幾次了。也可以說：法官是正常人；有時候法官的想法，和正常人是一樣。

某個刑事案件被告聲請傳喚有利證人，開庭時證人和被告一起走入法庭。法官一開庭就問證人：你剛剛是和被告一起來嗎？你們有約好嗎？

為什麼法官會這樣問？如果一個正常人看到被告和證人一起出現，你會不會覺得他們已經串通好證詞，因而不相信證人有利被告的證詞？正常人通常會這樣認為，既然法官也是正常人，他們也可能這樣認為。

還有，如果你是法官，看到原告或被告講話反反覆覆，就對方主張全部一律否認。等到對方提出證據後，才承認並找其他理由辯解。試想，你會相信這位原告或被告說的話嗎？

如果你做的事情不合乎常理，正常人通常難以相信，法官也可能不會相信。這時候就要說明為什麼與提出證據，讓法官相信。

例如：曾經碰到有原告一時輕率，沒有看契約，只是單純聽被告說投資豐厚，就馬上付了數十萬。試想，正常人會沒看契約，只是聽對方推銷，就馬上付數十萬嗎？

當法官聽到這種不合乎常情的故事，多會保持懷疑。如果事實真的是如此，就要特別說明為什麼並提出證據，讓法官相信。

記得，法官也是正常人。

09

法官的說教

法官的諄諄教誨。

法官依法審判，宣判時講完判決主文與理由，任務就完成了。

不過，如果去旁聽刑事案件，可以聽到有些法官會勉勵或訓誡被告，而這些不會寫在判決上，算是沒有寫在判決上的彩蛋。

之前旁聽過幾個案件，一個關於公司負責人違反公司法的刑事案件，法官了解了被告違反公司法的來龍去脈，然後聆聽檢察官與辯護律師的意見，便告知宣判的時間。告知宣判時間後，法官語重心長和被告說，開公司就要合法經營，希望被告繼續把公司經營好，台灣經濟就是靠像被告這樣的中小企業……。

另一個是關於販賣毒品的刑事案件，在被告都認罪且提到還有父母要照顧的情況下，法官嘆了一口氣後說：希望你們這次出來後，可以想想你們的父母，不要再犯了。

說實話，當我聽到上述法官這樣說時，感受到了法官的親和力與用心良苦。我想，應該會有被告感受到法官的期勉，因而比較能接受法官的判決吧。

如果被告感受得到的話。

10

法官的看法決定了判決結果

你在吃什麼？
感覺很好吃。

現在網路熱議
的雞排店～

我明天來吃看看…

隔天：

謝謝光臨

這家居然會紅，我家路口
的雞排都比這好吃。

東西好不好吃，是很主觀的。

某次在台南開庭，回程的計程車司機大哥知道我是律師後，問為什麼很多看起來差不多的案件，判決結果卻不一樣？

我說：第一個原因是看起來差不多的案件，可能個案事實有不少差異。第二個原因是判決是法官寫的，法官的看法當然會反映到他的判決。

以搞外遇侵害配偶權案件為例。

有法官認為「配偶權」並非「法律上權利」，就沒有侵害權利的問題（臺灣臺北地方法院 109 年度訴字第 2122 號判決）；當然，另有法官認為「配偶權」是「法律上權利」，當然有侵害權利的問題（目前比較多判決是採這個看法）。

還有，有法官認為老婆和男同事二人出遊並待在車上並反鎖一段時間，屬正常社交往來（臺灣新竹地方法院 110 年度訴字第 769 號判決）；可是，有法官認為老婆和男同事牽手同遊顯逾越一般男女朋友的舉止。

就像是拍到老公和女生進摩鐵，老公說是去汽車旅館借廁所或吃便當。有些人會相信老公說詞，有些人則覺得這老公也太會扯……。

同件事情，總有不同解讀，見仁見智。

我們下次開庭定在……

勞動節應該大家都放假一天…

※ 本篇漫畫取自一位律師前輩開庭的真人真事。

每次開庭，法官通常都會定好下次開庭時間（庭期），這是法官開庭的日常。

法官訂定下次開庭時間，通常是先依據自己固定的開庭時間來安排，例如：有法官固定每週的週一與週四下午開庭，或有法官固定每週二與週五上午開庭。

然後大概一個月後開下一次庭，例如：當次開庭是週四下午，下次開庭則是一個月後的週四。法官告知下次開庭時間後，會詢問兩造時間可以嗎？有沒有不能來開庭的事由？

之前聽法官前輩分享，法官訂定開庭時間還會有其他考量。像是農曆過年是重要節日，他自己習慣農曆過年上班一週內不會開庭。

還有法官會貼心考量當事人或律師住哪裡，來訂定開庭時間，例如：法官固定週二早上開庭，因為法院在高雄，但其中一方住在台北，法官會考量住台北那方的交通時間，然後訂定下次開庭是早上十一點或十一點半。

揪甘心。

判決寫好放幾天

法官，為什麼你要把寫好的判決放窗邊？

新來的法官助理

寫好的判決要放在窗邊放幾天。

陳釴

放在窗邊是反覆思索前的儀式。

之前聽幾位法官前輩分享寫好判決會放幾天，就一直想著如何畫成漫畫，後來看到臺南地方法院陳欽賢法官接受天下雜誌專訪，陳法官說：「我每次寫完一個判決都會放在窗邊想幾天，吃飯也想，抽菸也想，上廁所也想。」

當下覺得判決放在窗邊真有畫面，便決定畫成漫畫。

為什麼寫好裁判要放幾天？

第一，一個裁判對當事人影響重大，必須審慎以對、思考周全。之前看到冤獄平反協會的一句話，感觸很深，這句話是：「錯放一個人是犯一個錯、錯判一個人有罪則是犯了兩個錯，因為無辜的人被誤關卻使真兇逍遙法外，對於被害人與家屬而言，無疑是再一次的折磨。」法官寫好裁判後放幾天，可以在最後檢視錯誤。

第二，降低裁判被上級法院廢棄。法官宣判或做出裁定後，不太喜歡之後看到自己的判決上訴後被上級法院說：「上訴人上訴意旨指摘原判決不當，求予廢棄改判，為有理由。」或不想看到上級法院說：「上訴論旨，指摘原判決違背法令，求予廢棄，非無理由。」法官寫好裁判後放幾天，可以讓自己的裁判更完整。

這讓我想到以前讀研究所時，不少老師建議論文寫好後放一陣子，過了一陣子再看，就會發現論文有哪些地方寫的不好或還需要加些什麼。特別是論文內容必須緊扣論文題目，論述必須符合主軸，必須論述一致、前後一貫，避免前後矛盾。這樣的道理也適用判決。

13

犯錯一定就是壞人嗎？

早上某路口：

阿嬤，慢慢走～

這年輕人真好。

下午開庭：

下一個毒品危害防制條例案件…

法官心裡驚訝：早上的年輕人居然是販賣第二級毒品被告！

臉書上看到：誰私底下不是好人，如果有，那一定是還不夠私底下！

本篇漫畫靈感來自臉書上看到朋友分享一位法官說：「誰私底下不是好人，如果有，那一定是還不夠私底下！」

很多人看到重大社會事件，脫口而出的常常是壞人唯一死刑。但所謂的「壞人」並不一定是絕對的壞，更多時候是為了求生存而做了刑法不允許的事。他們可能回到家，是好老公或好爸爸，從這角度來看，就變成一般人認知的好人。

在這樣情況下，如何看待一個犯了刑法的被告？是要讓他依照刑法的刑度關好關滿，來滿足一般社會大眾的期待？還是給他機會，讓他不用關進監獄，或關少一點趕快讓他回到社會，早點回到家人身邊？這是刑事庭法官每天都要思考的問題，是刑事庭的日常。

最後分享吳冠霆法官在司法院影片中講的一段話：「正義不是那麼絕對的，一個人可能是灰色的，他不會是純然的白或純然的黑。就像名偵探柯南這樣子，說真相永遠只有一個，但是法庭中不見得能夠發現那個真相。」

| 備註 | 這篇漫畫當初貼在臉書時，回響最熱烈的留言是知名網路職場漫畫家「我是馬克」依句型換句話說：「誰窮到最後不會放棄夢想？如果有，他一定還不夠窮……。」真的寫實又靠腰。其他好笑的網友留言還有：因為這是毒販的親阿嬤呀！

禿頭法官之法（髮）的轉折

法官剛成為法律系新鮮人時：

法律可以解決全部的事情！

公平　　　正義

法官做了一段時間：

法律不能解決全部的事情……。

法官退休後：

往事如煙，放下才能真正解決事情。

禿頭法官頂上髮絲與看待法律的轉折。

本篇取自一位法官前輩分享看待法律的心境轉折。事實上，許多法律人的心境轉折也是如此。如果問一位想讀法律系的高中生或剛讀法律系的大一生，他或她可能會覺得讀法律可以實現公平正義、法律可以解決所有問題。

等到畢業後從事實務工作或做研究，就會慢慢發現法律是有極限的，法律不能解決全部的問題。例如：一個債務人欠了很多錢，債權人就算走上法院勝訴確定，如果碰到債務人就是沒錢沒財產，最終只換到一張債權憑證。又如：陳欽賢法官在《靈魂不歸法律管》的推薦序寫到「我的生活和工作經驗中，法律不只常常沒能帶給大家幸福，有時還會帶給無辜和被主流社會忽視的人以及他們的家人痛苦。」

而且，當有錢有勢的利益團體可以影響立法，甚至掌握立法時，訂出來的法律可能是偏向特定利益團體。如黃榮堅老師在《靈魂不歸法律管》中寫的「在法律中更嚴重的是，掌握法律權限的人可以自己制定法律或自己解釋法律，那麼一旦魔鬼掌握法律權限，任意扭曲正義，法律也拿魔鬼沒辦法。」

隨著年紀增長，則會慢慢體會，很多事情或很多問題都卡在自己的心，放下才能解決問題，放下才能減少煩惱與負擔。

做夢也要改革司法

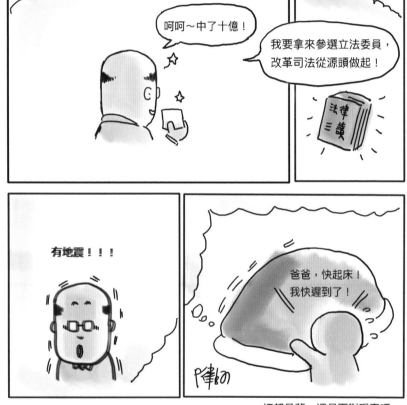

一切都是夢，還是面對現實吧…

滑臉書或看新聞報導時，如果看到某某人殺人無罪或吸金幾億卻輕判，就會看到有網友留言說這是恐龍法官！

可是，殺人無罪或吸金輕判，真的是因為法官是恐龍嗎？很多時候其實是法官依法審判。

憲法第 80 條規定，法官須超出黨派以外，依據法律獨立審判，不受任何干涉。既然法官是依據法律審判，一旦法律經過立法院通過與總統公布，縱使這個法律不合理，法官還是必須依照這個法律去審判，這是憲法課予法官依法獨立審判的義務。

還有，刑法第 1 條規定罪刑法定主義，即行為之處罰，以行為時之法律有明文規定者為限。反面說，如果法律沒有規定一個行為需要受處罰的話，就不可以處罰。

這時候如果要追究責任，應該追究的，不是法官，而是我們選出來的立法委員。具體來說，應該去追究我們選出來的立法委員是不是用心研究法案、有沒有認真審查法案然後決定通過或不通過。

可惜，選民常常只看這個立法委員有沒有在媒體曝光，或這個立法委員有好好做選民服務嗎？這也導致立法委員為了選票，花了很多時間在曝光與選民服務。如果一個立法委員投注大多數時間在法案研究上，大概就是落選吧。

這就是現實，還是做夢吧，夢裡什麼都有。

CHAPTER 2
法官的生活日常

吃不飽的尾牙

> 學長，今天我們地檢署尾牙，一起來吃好料？

> 有好料，好！

到了晚上尾牙：

> 抱歉學長，我們尾牙預算一桌是二千元…

> 看來要吃飽，要自帶火鍋料…

咕嚕

法官親身體驗吃不飽的地檢署尾牙…

※ 本篇取自一位檢察官前輩真人真事詭故事。

根據當法官與檢察官的前輩說，不是每個法院或地檢署都有辦尾牙，有法院已經停辦尾牙許多年。如果有辦尾牙的，每桌預算都不高。

每桌預算是多少？有的是每桌二千元，有的是二千五百元。

想想看，就算一桌預算是二千五百，假設每桌十人，平均一人才二百五十元。假設是十道菜的話，每道菜只能抓二百五十元上下。二百五十元如何變出像尾牙等級的一道菜或一鍋湯？去超市買菜，一片鮭魚輪切通常要一百五十元以上了，里肌肉片一百公克也要大概四十或五十元。

有句台灣諺語是這麼說：「做官若清廉，食飯著攪鹽。」意指做官清廉，做官的節省清苦，苦民所苦。如果法院尾牙一桌只有二千五百元，確實很符合這台灣諺語。可是呀，年終歲末稍微吃好一點，至少吃的和一般人尾牙差不多，也不為過吧。

雖然法官倫理規範第 5 條規定：「法官應保有高尚品格，謹言慎行，廉潔自持，避免有不當或易被認為損及司法形象之行為。」我想，就算將法院尾牙預算提高到一桌五千以上，不至於被認為損及司法形象吧？

檢察官前輩說，如果要吃不錯的尾牙，要去警方的尾牙。

忙碌後要吃什麼呢？

呼～又結束一個忙碌早上，等等吃什麼呢？

啊～忙碌後就是要喝蘋果汽水！

剛剛的審判長…

忙碌喝有氣飲料真的超紓壓～

※ 本篇取自某天開庭後和當事人討論許久，討論完走出法院大門，居然看到上午開庭的審判長開心拿著蘋果汽水，一副獲得解脫的表情。

一天忙碌後，你想吃什麼？是雞排？還是珍珠奶茶？

之前有法官前輩分享，她平常工作的小確幸，是喝珍珠奶茶，因為嚼一嚼珍珠很紓壓。還有網友分享，認識的法官熱愛吃小熊軟糖。

我總和當事人分享，法官也是人，要用人的角度去理解法官。一般人喜歡吃美食，法官也是。

不少上班族工作或下班喜歡買手搖飲，緩解工作的壓力或不順利。以我自己為例，研究所時上完一週的課，就是到學校側門買多多綠加雞排。出社會第一份工作，則是下午吃巧克力安頓自己的情緒。當律師後，則是需要檸檬紅茶來淡定自己。

當我們面對忙碌工作與壓力時，可能沒有或較少規律運動、攝取過多澱粉加上營養攝取不均衡。之前看到一篇期刊文章〈正念飲食模式應用於大學生飲食行為問題與情緒困擾之初探研究〉文中寫到：「正念飲食模式的應用能有效減少大學生的情緒性飲食頻率，建立更好的飲食習慣；也有助於提升覺察能力，進而調節情緒與壓力狀態。」如果可以，意識自己吃什麼和好好吃些對身體有益的食物，更好。

話說回來，那檢察官呢？檢察官也是人，之前看到一位檢察官前輩的臉書，下班後不時用鹹酥雞撫慰他一天的辛勞。

亞歷山大的法官

常有網友問：為什麼要把法官畫成禿頭呀？有頭髮的法官很多呀，也有帥氣的法官。

這真是一個好問題！為什麼我要畫「禿頭法官」？第一個原因，是禿頭法官可以創造記憶點，讓網友對這位法官印象深刻、容易辨識。第二個原因，是因為法官的工作就是依據法律獨立審判，在這樣過程中，不只是需要面對滿滿的負能量，還要面對審不完的案件。這樣的壓力是長期的、累積的，可以說是亞歷山大（壓力山大）的法官。一般人想到壓力大的表現，不外乎就是胃痛、掉髮禿頭，所以我就畫了「禿頭法官」。

之前和幾位當法官的前輩或同學聊天，他們聊到除了案件多和接觸負能量外，其實還有一個壓力很大的原因，就是怕自己判錯。畢竟法官是人不是神，是人都可能會出錯。

對於法官亞歷山大（壓力山大）的問題，司法院在 2022 年 5 月就「司法減壓——人事篇」進行專題報告，提出「司法減壓」措施，以「加速增補審判人力，擴大辦理法官多元進用」及「落實同仁身心關懷，推動心理健康協助」為二大策進方向，希望可以解決這個問題。

| 備註 |　根據醫學報導，大部分胃潰瘍是因為幽門螺旋桿菌感
　　　　染造成的。

法官，你的腰還好嗎

你好，是○○推薦我來這按摩。

請趴下。

你的腰好硬…

痛
痛
痛

....

我很輕了耶，你到底做什麼工作呀？

痛
痛
痛

久坐的職業傷害…

某天早上，我提早到法庭，發現從我到法院至下午一點半開完庭，中間好幾個小時，法官與書記官都一直坐著，我當時想的是：法官、書記官與通譯，你們的腰還好嗎？

後來另個案件開庭，開了三個半小時。開完庭後，我想到如果法官從早上九點就開始開庭，這樣算一算，法官和通譯（書記官中間有換人），至少五小時沒有尿尿。

另有次到雲林開庭，前二個案件是分割共有土地案件，法庭坐滿了阿公阿嬤被告，開了很久很久，我的庭因此延誤。終於輪到我開庭了，我拿著重重的二大本卷宗走到被告訴訟代理人座位。這時候，書記官小步快跑從我身邊跑過。法官此時說：抱歉，我們從早上開庭開到現在很久了，書記官需要上廁所，我們等一下。

我當下心裡想：法官，那……你不用上廁所嗎？你的膀胱還好嗎？

為了解決我的疑惑，那次庭後我上網查詢法官上廁所的新聞，才知道之前有法院推行所謂的「戰備廁所」。這邊直接引用司法周刊報導說明「戰備廁所」：「高雄高分院行政團隊了解法官身體健康、安全及人道考量的重要，更不忍法官為了開庭而必須憋尿。雖然侷限於法院整體建築設計上的限制及現有空間的不足，但是高雄高分院，仍在院長務必設法解決法官的問題之指示下，充分發揮行政支援審判的精神，找來原先為高分院規劃設計法庭的設計公司到現場勘查，……乃決定於法庭區之法官開庭通道間，規劃增闢開庭專用之簡式廁所 3 間，專供開庭中之法官、書記官使用。」

法官也會逛市場？

那個人為什麼在法院拿著一袋生豬腳？

他應該是被告，回家煮豬腳麵線⋯

法官，你中午去逛市場買些什麼？

法官助理

豬腳，我發現路人看我好像怪怪的⋯

正常人應該都會疑惑：怎麼會有人在法院拿豬腳？

※ 本篇取材一位中午吃飯抽空逛市場的法官前輩。

有朋友問我，這漫畫是畫哪個法官？或是畫哪個法院的法官？

其實，附近有市場的法院不算少。臺北地方法院靠近城中市場，士林地方法院靠近士東市場，臺中地方法院離臺中第三市場與第五市場不遠、高雄地方法院近前金市場。

所以，在以上幾個法院的法官，都有可能中午去逛市場。

為什麼法官要中午去逛市場呢？

其實，法官和一般上班族差不多，也是早出晚歸。如果平時上班想要逛市場然後回家自己煮，大概就是中午抽空去逛市場或下班後去逛黃昏市場。還有，市場有五花八門的東西，蔬菜水果魚貨隨季節不同，有時又會出現新東西，去逛逛市場是不錯的休閒。

之前看一位法官前輩分享，他說處理案件和煮菜有些相同的道理。就像是煮菜前要先了解食材，而審理案件也要了解當事人。再來，對於不同食材你要思考與挑選最適的烹調方式，而面對不同個案與不同當事人，也要選擇最適合的處理方式。

那為什麼法官要買豬腳？我想，法官每天面對烏煙瘴氣的案件，吃個豬腳麵線求好運，也是合情合理的。

法官也會滑臉書

這篇貼文應該不會被臉書封鎖吧…

※ 改編一位法官前輩之前關臉書貼文。

有朋友疑惑法官也會有臉書？現在連司法院都有粉絲專頁貼幽默圖文，法官用臉書和親朋好友聯繫，或用臉書看一下現在網友討論什麼，非常正常。

觀察身邊用臉書的法官前輩與朋友使用臉書的習慣，首先，他們貼文多半是設定限定朋友閱讀，不會開地球文。例如之前發現在 P 律師留言的幾位網友是法官，我點進去看他們個人臉書動態，幾乎看不到任何貼文，也看不到好友有誰，相當低調。再者，他們貼文大多分享學術演講、自己爬山跑步等日常貼文，少有觸及政治的貼文。

當一個法官，要非常注意自己的言行。例如：法官倫理規範第 5 條規定，法官應保有高尚品格，謹言慎行，廉潔自持，避免有不當或易被認為損及司法形象之行為；同規範第 22 條規定，法官應避免為與司法或法官獨立、公正、中立、廉潔、正直形象不相容之飲宴應酬、社交活動或財物往來。

像是之前原本想邀請一位法官到課堂上分享，還是先查了相關規定，就看到司法院有函釋提到，法官受邀擔任課程講師，非屬禁止法官從事之行為，亦不牴觸禁止法官兼職規定。但收受非政府機關支給之報酬或補助逾新臺幣六千元時，則應予申報。

最後，順便在此推薦幾個法官相關的粉絲專頁，可以幫助我們更了解法官：中華民國法官協會、法官改革司法連線、喵法官法庭日常。

法官薪水也要上繳

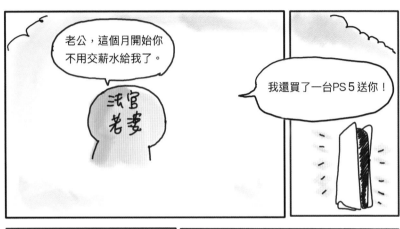

睡個好覺，就可以有個甜蜜的夢…

曾看過一篇新聞報導:「某位智財商業法院法官,與結婚35年的妻子感情不睦,法官起訴離婚,指稱每月10餘萬薪資均交給妻子管理,妻子僅留下1萬生活費給他,還經常嘲笑他薪水低⋯⋯。」法官薪水多少?這是很多民眾好奇的問題。自從讀了法律系,總有親朋好友說要好好準備考試考上法官,因為法官社會地位高又有很好的薪水。還有,法官是終身職,非受刑事或懲戒處分,或禁治產宣告,不得免職。非依法律,不得停職、轉任或減俸。

根據法官法第71條第4項規定,法官之俸級區分如下:
一、實任法官本俸分二十級,從第一級至第二十級,並自第二十級起敘。
二、試署法官本俸分九級,從第十四級至第二十二級,並自第二十二級起敘。依本法第五條第二項第八款轉任法官者,準用現職法官改任換敘及行政教育研究人員轉任法官提敘辦法敘薪。
三、候補法官本俸分六級,從第十九級至第二十四級,並自第二十四級起敘。

看了以上規定,我們可以知道法官敘薪先分實任法官、試署法官與候補法官,每一個類別再分級。

不過,這樣還是不知道法官薪水實際是多少。

根據司法院「法官俸給表(含月支數額)」,候補法官是的二十四級時,每月50,000元;試署法官是第十八級時,每月72,000元;實任法官是第十三級時,每月95,000元。

回到新聞,新聞中的法官應該當了很久,假設他是拿到第一級的140,000元。依照新聞,每個月留一萬,其他給老婆,嗯⋯⋯,居然還被嘲笑薪水低。

法官紓壓的方法

輪擺式移位！！！

磅！

這禿頭是職業
拳擊手嗎？

他是今天分到社會矚目案件的法官⋯

※ 本篇漫畫是改編一位法官前輩下班打有氧拳擊。

根據「司法院法官工作時數調查研究報告」，法官平均每周工作時數約 58.9 小時，以每周 5 個「工作日」計算，則平均每日工作 11.8 小時。若進一步計算法官公私假時數，則平均每日工作時數增加至 12.8 小時。其中，報告寫到法官普遍認為是因為案件量大所導致的工作量不合理，還有利用休假日從事「撰寫」工作。

法官工時長，隨之帶來很大的壓力。如果法官遇到案情特殊或社會矚目的案件，壓力更大。在如此高壓的工作環境，紓壓很重要。

法官是如何紓壓的呢？

我認識的一位法官前輩，他下班會去打有氧拳擊。聽平常有運動習慣的學長說，有氧拳擊是結合有氧運動與拳擊動作的運動，練完真的很累，可以讓頭腦完全放鬆，所以非常適合高壓工作的法官。

我也聽過許多法官前輩是透過打坐或冥想來紓壓，最記得是某次調解遇到一位法官前輩，這位法官好幾次提到他是透過打坐來排解壓力。還有法官是練氣功或甩手功來紓壓，如最高法院邱忠義法官接受媒體報導分享他做甩手功來紓壓。其他很常聽到的，還有慢跑、游泳、爬山……等。

每個人都有自己紓壓的方法。

法庭劇影響深遠

聽說有人看日劇HERO決定當檢察官+_+

※ 本篇取自一位檢察官前輩說因為看了韓劇《檢察官公主》選擇
　當檢察官。

我當初研究所看了日劇《HERO》，有一段時間立志當檢察官，還因此去買了很像木村拓哉在劇中所穿的外套，希望可以像木村拓哉一樣帥氣查案（誤）。不過，由於我考司法官考試一直落榜，讓我打消了這念頭。

戲劇對一般人影響深遠，除了可能上述影響我們的志願外，還可以帶我們認識相關法律知識，或啟發我們去思考社會議題。像我遇過法律扶助的當事人，我問她怎麼知道遇到法律糾紛可以找法律扶助基金會，她回答是因為看了台劇《我們與惡的距離》。

因為在臉書連載法官的日常，一直有網友推薦我看日劇《鴉色刑事組》。我看了之後，不斷思考法官應該扮演怎樣的角色？訴訟的目的究竟是什麼？真的要不計代價探求真相為何嗎？看了這部日劇真的讓我思考很多以前認為理所當然的問題。

話說回來，看戲劇決定志願，不只出現在法律人身上喔。「全台最美女棋士」黑嘉嘉就是看了《棋靈王》（棋魂）走上職業棋士之路。

健身有成的法官

要成為絕世高手，並非一朝一夕

※ 本篇取材一位健身有成的法官學長。

可能是因為當法官實在太需要體力，我認識的法官前輩都有固定運動的習慣。最常見的有爬山、跑步，其次是健身、瑜伽。

我沒有詢問這位法官學長為何熱衷於健身，不過拿他現在身材與幾年前相比，有顯著不同。他以前可能只有工作沒有運動，連他自己都自稱肥宅。健身有成後就不同了，常常看到他曬肌肉。

這位學長很堅持，每周安排固定時間練上半身、騎飛輪，飲食上實行減醣飲食，即便是他以前愛吃的炒飯炒麵，一律不吃。還有，絕對不碰含糖飲料與炸物。

我還記得這位法官學長某天在臉書寫下：健身是唯一付出就有回報，身體永遠不會愧對你。

這也讓我想到以前的指導律師，他曾任檢察官、法官，後從法官轉任當律師。他每周總會抽時間去跑步或健身，即便再忙，也會刻意安排運動時間。我印象中的指導律師，總是容光煥發、精神奕奕。他說沒當律師前，他就是這樣安排。

我從這位法官學長與指導律師身上學到的事，就是越繁忙越高壓，越需要運動。有沒有成效，身體會告訴你。

買登機箱不手軟的法官

其實他是每天用登機箱裝滿卷宗回家的法官⋯

※ 本篇改編許多法官的真人真事。

為什麼法官要買登機箱，特別是耐用好用的登機箱？因為要裝案件卷宗回家繼續看。

先說為什麼用登機箱裝案件卷宗，一般包包或環保袋不行嗎？如果是一個剛進入一審審理的案件，確實用一般包包或環保袋帶回家即可。不過，一個案件隨著雙方書狀你來我往、幾次開庭後，可能就變成二本、三本卷宗。

如果是二審、三審的法官，一個案件卷宗就包括一審、二審的案件。像我之前處理一件刑事上訴第三審的案件，當事務所承接案件後向法院聲請閱覽卷宗（俗稱閱卷），我還記得，我到了法院的閱卷室見到滿桌的卷宗，包括起訴、第一審到第二審的案件卷宗。

那為什麼法官要把案件卷宗帶回家？因為工作做不完，只好帶回家繼續做呀。例如章魚法官的兒子在章魚法官書中寫到：「老媽常常加班，回家時都用登機箱裝滿卷宗，在我們倒頭大睡之後到書房繼續奮鬥。」

法官買登機箱裝案件卷宗，反映了血汗司法。

愛看社區公告的法官

有看公告的職業病還是很重要…

※ 本篇取自一位法官愛看公告的職業病與公寓大廈管理條例修法
　 議題。

律師做久了，只要社區有新公告，我不只會看，還會仔細看牽涉什麼法律規定以及用字是否正確。

某天讀到一位法官前輩看社區公告文章，原來不只有律師有這樣的職業病，法官也是。當天恰好看到新聞報導「毛小孩解禁公寓大廈將不可禁養」，便畫了這幅漫畫。

社區可不可以禁止住戶養寵物呢？

依照現行公寓大廈管理條例第 23 條第 2 項規定，公寓大廈社區可以在社區規約中載明「禁止住戶飼養動物之特別約定」。簡單說，只要住戶在住戶大會提案討論通過，就可以禁止住戶養寵物。

不過，現在寵物比新生兒還多，很多人寧願養毛小孩也不願生小孩。如果社區有這樣規約，就會引起反彈，而動保團體也覺得現行公寓大廈管理條例第 23 條第 2 項規定並不合理。

根據內政部與立法院資料，公寓大廈管理條例未來修法方向，是公寓大廈社區不可以用規約禁止住戶飼養對公眾影響程度較輕微的寵物。現在公寓大廈管理條例第 23 條第 2 項規定「禁止住戶飼養動物之特別約定」，將改成「住戶飼養動物之管理規定」。

也就是說，未來公寓大廈社區雖然不可以「禁止」飼養寵物，但可以就住戶飼養寵物的方法以規約加以「限制」。圖中法官女兒的小烏龜可以繼續養，沒有問題。

當法官收到詐騙訊息

真是認真的法官，連回詐騙訊息也是⋯

※ 這篇漫畫取自一位法官前輩的貼文，當初看到時馬上就笑了出來。

現在詐騙訊息很多，臉書上看到連當法官或檢察官的朋友都會收到。

很多人都收過飆股投資詐騙訊息，有些人會忽視它（例如我），有些人則被騙，但我沒想到居然有人認真回簡訊，而且還是一位法官。

由於這種飆股詐騙真的很多，金管會因而宣傳社會大眾要小心，這些買飆股的訊息與手法，屬於非法經營投信顧業務，可處五年以下有期徒刑，併科一百萬元以上，五千萬元以下罰金。不少民眾都有看過這類宣導，不過大多不知道這是涉及什麼法律。

這位法官很認真，寫了這段訊息回覆飆股詐騙：「證券投資信託及顧問法第 107 條規定：有下列情事之一者，處五年以下有期徒刑，併科新臺幣一百萬元以上五千萬元以下罰金：一、未經主管機關許可，經營證券投資信託業務、證券投資顧問業務、全權委託投資業務或其他應經主管機關核准之業務。」

說實在話，我在讀法律系時，根本不知道證券投資信託及顧問法，更不知道第 107 條規定是什麼。等到做律師執業後，才真的認識這條規定。

至於這樣回有沒有用呢？有網友說他真的複製上面法律規定到群組，結果馬上就被踢出群組了……。

當法官們一起爬山時

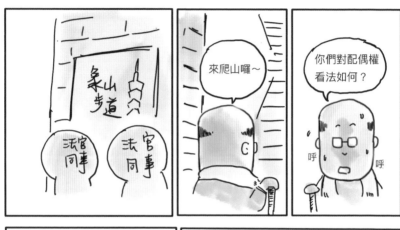

法官們一起爬山，總是爬很久⋯

※ 本篇取自一位法官前輩說找同事爬山，結果都在討論法律問題。

認識的法官大多成功維持運動習慣，有慢跑的，有游泳的，也有爬山的。關於法官們相約一起爬山，根據吳東都法官說：「可以增加同事接觸聯繫感情，還可以交換問題的看法；至於對於法官自己，他則認為爬山真的是鍛鍊體力跟意志力，最好的方法，有助於法官的工作」。

當初畫這篇漫畫時，臺北地方法院再次出現配偶權並非法律上權利的判決，因此臉書許多法律前輩都在討論這問題，就是民法上有沒有配偶權存在？特別是廢除刑法通姦罪後還有嗎？

檢視臺北地方法院關於配偶權並非法律上權利的判決，做成這判決的法官其實從很多角度來解釋到底有沒有配偶權存在，其實值得一讀。例如：這位法官認為因婚姻締結所生的配偶關係，只是一種「身分法益」，對於他方配偶的人格並無實體法上權利（即法律上權利）的概念。還有配偶權的概念實際上是從夫權演變而來，在強調男女平權的現在，以配偶權取代原本夫權或妻權的用語，但實際上並未更易原先夫權所具有支配、將配偶視為客體的內涵。

我想，如果法官在爬山時討論上述問題，應該很多時間都是在討論漫畫中的幾個問題。

法官也有宿舍可以申請

您好，可以幫我做居住調查嗎？

沒問題！

請問你住在哪裡？自有住宅還是租屋？

大安區，租的。

請問格局與租金？

三房、不到一萬。

大安三房不到一萬，你肩膀是否很重…

為何問肩膀是否很重，請看泰國恐怖片鬼影…

本篇漫畫靈感源自鏡新聞報導:「其實很多老舊公寓都是法官宿舍,有曾經擔任過檢察官的律師透露,主要是為了體諒法官工時長,常常需要半夜開庭,才會提供獨立住宿空間。」

如同新聞所說,為了讓法官好好工作並照顧其生活,司法院有提供法官宿舍。根據司法院及所屬各機關宿舍管理要點第二點規定,司法院宿舍分三種:首長宿舍、職務宿舍與單身宿舍。依司法院及所屬各機關宿舍管理要點第八點規定,法官可以借用居住的,是甲種職務宿舍、甲種單身宿舍。

依司法院及所屬各機關宿舍管理要點第9點規定,當法官想要住宿舍,必須提出申請單及積點表。當申請人數大於宿舍數時,就依積點多寡照順序分配。積點點數占最多的是年資,其次是居住狀況(看有沒有自有住宅),然後是眷口(有沒有家眷)。

根據幾位前輩與朋友的分享,大台北地方的宿舍很搶手,南部則還好,有南北之差。

根據監察院調查報告:「部分法院經管的宿舍配住率偏低,且宿舍自建置以來迄今未曾配住或配住經收回後長期閒置之情形,財物運用效能待加強」。另外司法院統計,宿舍自建置後迄 2018 年底止,未曾配住或雖曾配住但經收回後已長期閒置者計有 87 戶,占閒置戶總數 29.39%,包括高雄高分院、臺南地院、高雄地院、澎湖地院等。

至於法官宿舍一個月多少錢?為了照顧法官生活,只有意思意思收一點。

當法官碰到拗免費法律諮詢

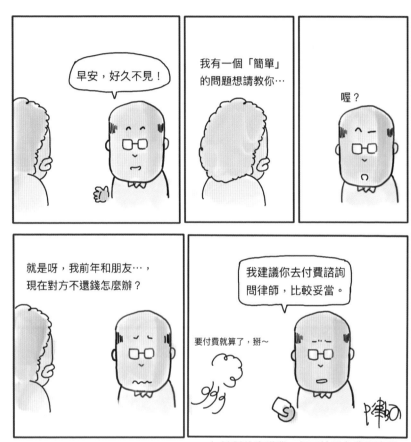

無論對什麼職業，都不該拗免費服務喔。

讀法律系後到考上律師做律師，三不五時就會碰到有很久沒聯絡的親友電話或來訊，然後說：我這邊有一個「簡單」的問題想問你，或是說：我收到對方告我的起訴狀，你幫我「簡單」看一下怎麼處理。

只要讀了法律系，就是會碰到親朋好友拗「免費」法律諮詢。如果正式當了律師後，和他們說要付費，他們就會咒罵你說這點小忙也不願意幫，死要錢！

法律從業人員幾乎都會碰到這情況，法官也是法律從業人員，當然也可能遇到親朋好友拗「免費」法律諮詢。

之前和一位法官學長聊到這件事情，他說，法官有拒絕拗免費諮詢的正當理由。

很簡單，就說法官要保持公正無私，避免損及人民對司法公正的信心，法官身分不方便提供法律諮詢。這部分，法官倫理規範第 24 條第 1 項有明文規定：「法官不得執行律師職務，並避免為輔佐人。」

不過，可能會碰到親友事先做過功課，然後精確引用法官倫理規範第 24 條第 1 項但書規定繼續拗。因為法官倫理規範第 24 條第 1 項但書規定：「但無償為其家庭成員、親屬提供法律諮詢或草擬法律文書者，不在此限。」

這時候法官就必須引用法官倫理規範第 24 條第 2 項規定：「前項但書情形，除家庭成員外，法官應告知該親屬宜尋求其他正式專業諮詢或法律服務。」然後告訴拗法律諮詢的親友說，規定如此，你不是家庭成員，建議你還是找專業律師付費諮詢。

法官今天休假喔

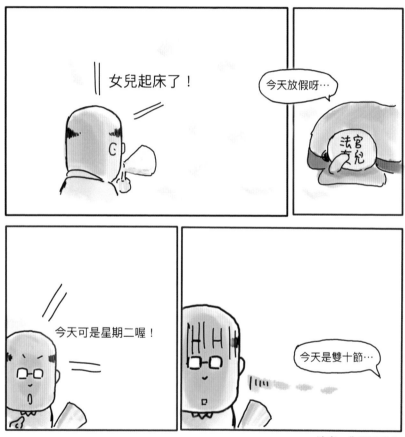

法官，你累了嗎？

※ 本篇漫畫取自一位法官前輩忘了國定假日放假的真人真事。

為什麼法官會忘了放假？其中一個原因是法官幾乎每天都在工作，加上工時長，專注在工作忘了休假。

法官工時有多長？根據司法院 2006 年的委託研究：「每週 5 個工作日計算，則平均每日工作 11.8 小時，若進一步計算法官公私假時數，則平均每日工作時數增加至 12.8 小時。」

不過，即便法官工時長，要達到案件「收支平衡」（結案數等於收案數），還是十分艱難。在這樣情況下，勢必放假也要處理工作，才有可能達到收支平衡。

司法院為促進與維護法官身體健康，有訂定「司法院及所屬機關法官休假改進措施補充規定。」其中，第 2 點規定：「司法院（以下簡稱本院）及所屬機關法官當年具有十日以下休假資格者，應全部休畢；具有超過十日休假資格者，至少應休假十日。」

很多人說：既然法官案件負擔太大，那就增加法官人數呀。這樣每位法官負擔的案件數就會變少，工時也會因此減少。

我想，司法院應該明白這解決問題的邏輯，是吧？

半夜睡不著覺的法官

翻來覆去睡不著，
乾脆起來寫判決。

好冷～還是待在棉被好！

這時候想起一位老師說：一條棉被之不治，何以天下國家為？

本篇取自某天看到林靜芸醫師在聯合報專欄寫睡眠。林醫師在文章開頭寫到一位法官越晚精神越好，晚上在床上翻來翻去無法睡著。

文中寫到這位法官「每晚熬夜研讀法律書狀」，我大概知道為什麼這位法官難以入睡，這是每個法律從業人員都可能遇到的問題。

以我自己為例，之前睡前看對造的書狀，大概會遇到二種情況：第一種，越看越生氣，越生氣越睡不著。例如：明明我方爭執的事情，結果對方律師卻將我們爭執的事情寫成我們不爭執的，試圖糊弄法官。

第二種，看書狀讀到一個引發思考的問題，或覺得一個問題有研究的價值，就會一直想，想到腦袋一直運作而靜不下來。

我個人認為，睡前看法律書狀，不是好的睡眠習慣。如果可以，我喜歡安排睡前畫圖放鬆心情，還有寫下明天要完成的工作事項，加上看一下引人入眠的書籍。

什麼是引人入眠的書籍？例如：心靈勵志、漫畫圖文書。

對了！睡前看厚厚字很小的民事訴訟法，也可以幫助入眠。

19

如何做一位快樂的法官

喝杯珍珠奶茶是許多人的小確幸。

本篇漫畫參考前高等法院陳憲裕法官（後轉任律師，下稱律師）談如何做快樂法官，以及取自一位法官說下班最快樂的事情是喝一杯珍珠奶茶。

法官是個壓力很大與很忙的職業，這樣看起來很難快樂，那如何做一位快樂法官？司法周刊第 1716 期〈陳憲裕法官談如何做快樂法官〉一文中，陳憲裕律師分享幾個工作心得：一、把案子辦好。二、保持身體健康。三、維持良好的人際互動。四、不要有財物上的困擾。

關於第一點把案子辦好，我想每位法官都想把案子辦好，沒有人想搞砸自己的案子或造成冤案。可是，現實總是殘酷，現在司法過勞情況普遍存在。臺南地方法院陳欽賢法官曾接受媒體採訪說他在2007 年時，每天早上七點離開家，晚上十二點離開辦公室。如果對比現在司法院案件統計，這幾年詐欺與家事案件暴增，過勞情況不減反增。

根據司法改革基金會在 2023 年 8 月發布標題為「『蔡政府司改六大不足　候選人準備好了嗎？』司法改革國是會議六周年記者會」的新聞稿中提到：「司法人員長期的過度負擔，一直是推動司法改革的瓶頸之一。近期媒體多次報導的『檢察官出走潮』，也顯示了此一問題日益嚴重。然而目前相關政策討論都仍僅圍繞人力增加，而未根本性檢討如何在不影響司法品質的前提下，加強司法系統許多環節的效率與減少資源的浪費。」

如果一位法官有時間可以好好審理案件寫判決，從容面對每一個案件，然後下午來杯珍奶，怎會不快樂？

火鍋放芋頭唯一死刑

S法官：誰放芋頭到火鍋，我和他拚命！

※ 本篇取材一位法官學長吃火鍋貼文。

講到吃火鍋，很多人都會聊到：吃火鍋到底能不能放芋頭？

贊成的人會說，煮火鍋當然要放芋頭，芋頭煮過鬆軟可口，繼續煮十分綿密，是一等美食。反對的人則說，煮火鍋放芋頭是邪教！芋頭放進火鍋，整個火鍋都是芋頭，而且變得很混濁。如果繼續煮，整個火鍋都變成芋泥，根本不能吃。

如果極力反對者是法律人，可能會職業病上身，說吃火鍋放芋頭應該比照刑法第 271 條規定：「吃火鍋放芋頭者，處死刑、無期徒刑或十年以上有期徒刑。前項之未遂犯罰之。預備犯第一項之罪者，處二年以下有期徒刑。」

不過，就算是煮火鍋可以放芋頭的人，也有人會看情況的，不是絕對所有火鍋都可以放芋頭。這時候套用公平原則句型就是：「吃火鍋時基於火鍋的風味及湯底，自得斟酌火鍋性質之差異而為合理之區別對待，並非所有火鍋都絕對可以放芋頭。」例如汕頭火鍋可能可以放，但麻辣火鍋絕對不能放。

題外話，我覺得汕頭火鍋煮芋頭後沾沙茶醬，還挺好吃的。

涉及詐欺罪的雞蛋牛奶冰

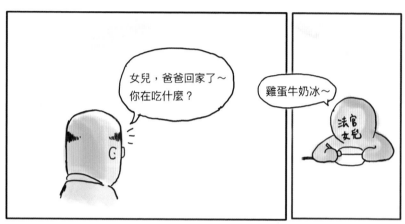

女兒，爸爸回家了～
你在吃什麼？

雞蛋牛奶冰～

有雞蛋嗎？

怎麼可能有！

對一個台南人來說，雞蛋牛奶冰
沒有雞蛋，是詐欺…。

來，爸爸幫你加生雞蛋

接下來聽到女兒慘叫聲…

法官是人，人多愛吃美食，法官也多愛美食。本篇靈感來自一位法官前輩貼文，寫到雞蛋牛奶冰要有生雞蛋。

雞蛋牛奶冰又稱月見冰，是香蕉冰淋上煉乳，還必須加上生蛋黃，這才是正統的雞蛋牛奶冰。對於很多人來說，沒有生蛋黃的雞蛋牛奶冰，就不是真正的雞蛋牛奶冰。

當如果一個法律人吃到不是真正的雞蛋牛奶冰，可能會切換成法律思考。這時候，第一個想到的是刑法詐欺取財罪。

刑法第 339 條詐欺罪取財規定，意圖為自己或第三人不法之所有，以詐術使人將本人或第三人之物交付者，處五年以下有期徒刑、拘役或科或併科五十萬元以下罰金。

雞蛋牛奶冰必備香蕉冰、煉乳與生雞蛋，如果冰店販賣了沒有生雞蛋的雞蛋牛奶冰，可能就是意圖為自己不法所有，用詐術讓消費者交付金錢，涉及詐欺罪（誤）。

我在寫這篇文章時，恰好碰到全台缺蛋危機。如果繼續用法律人思考，因為缺蛋危機，所以賣的雞蛋牛奶冰沒有生雞蛋，是不是有阻卻違法的正當理由？

吃冰就吃冰，還是別加入法律思考。何況，太陽餅也沒有太陽。

CHAPTER 3
法院傳說、奇人與趣事

4.5 顆星的臺中地方法院餐廳

臺中地方法院餐廳評價 4.5 顆星，近五百個評論

本篇靈感取自新聞報導:「有網友在 Dcard 分享,臺中女中隔壁的臺中地院自助餐有夠佛心,鐵盤 4 菜 1 肉 1 魚 1 湯幾乎裝滿只要 35 元!」

看到新聞後搜尋與看評論,應該是便宜又大碗,吸引很多人去吃。

網友討論也很有趣。有人說法官審理案件時會用自由心證,台中地院自助餐阿姨也是自由心證。

這裡先說什麼是自由心證?

根據教育部《重編國語辭典修訂本》解釋:「無論何種證據,其證據力的強弱及採用與否,在合乎常情、不違背法理等原則下,悉憑審判官的心理判斷,而不受任何拘束,稱為『自由心證』。」

那自助餐阿姨是怎麼運用自由心證呢?

首先,算多少錢不是秤重,也不知道是不是以每道計價或等級算錢,完全看阿姨的判斷。還有,如果是熟客或學生可能會比較便宜。最後,即便是同一個人消費夾差不多菜色與菜量,今天可能比昨天便宜或貴了點,永遠摸不透。

自助餐阿姨真是自由心證的最佳範例。

世紀帝國的帝

畫這篇時彷彿聽到遊戲經典音效。

※ 本篇改編自大學同學在法院工作見聞的真人真事。

在民事法院開庭，都有書記官記載筆錄，這是因為民事訴訟法規定。例如民事訴訟法第212條規定，法院書記官應作言詞辯論筆錄，記載下列各款事項：一、辯論之處所及年、月、日。二、法官、書記官及通譯姓名。三、訴訟事件。四、到場當事人、法定代理人、訴訟代理人、輔佐人及其他經通知到場之人姓名。五、辯論之公開或不公開，如不公開者，其理由。

書記官打字大多很快很順，偶爾碰到一些情況就會慢下來而需要法官、原告、被告或通譯協助，例如：打姓名、冷僻字、容易唸錯的字、同音詞、講台語（閩南語）、講客家語等。

本篇漫畫是畫書記官記錄姓名的情況，這很像打電話和餐廳訂位時，服務生確認姓名時，訂位者的回答，例如：講到張，會說弓長張；講到廷，會說朝廷的廷。

書記官記錄姓名時，也會遇到冷僻字或容易唸錯的字，例如：聿、阡、昶等，這時候就必須由陳述者協助書記官記錄，可能用寫的，可能用描述的（如聿是律師的律沒有旁邊的彳）。

當碰到同音詞時，書記官也需要陳述者或旁人的協助，例如：手勢或首飾、城市或程式、目的或墓地等。

有時候在法庭遇到這種情況，就會覺得好像是在中文測驗或玩謎語遊戲。不過，書記官應該不這麼認為。

全國最多的死人在槍砲庭

法官：我打電動要撿槍都撿不到，反觀你們…

司法界流傳一句話：「全國最多的死人在槍砲庭，全國最多的孝子在羈押庭。」為什麼最多的死人在槍砲庭（案件）？

這部分要先看槍砲彈藥刀械管制條例第 18 條第 4 項規定：「犯本條例之罪，於偵查或審判中自白，並供述全部槍砲、彈藥、刀械之來源及去向，因而查獲或因而防止重大危害治安事件之發生者，減輕或免除其刑。拒絕供述或供述不實者，得加重其刑至三分之一。」

很多槍砲案件被告為求減刑或免刑，又要講江湖道義不能供出其他人，就會說槍枝來源是來自某人，而這某人已經死亡了。

這時候法官該怎麼辦呢？被告說出槍枝來源出自某人，但這個某人已經死了，死無對證，到底是否適用槍砲彈藥刀械管制條例第 18 條第 4 項規定？

法官終究是最懂法律適用的人，這時候法官會說不適用，理由是：一、槍砲彈藥刀械管制條例第 18 條第 4 項立法本旨，是鼓勵犯上開條例之罪者自白，如依其自白進而『查獲』該槍彈、刀械之來源供給者及所持有之槍彈、刀械去向，或因而防止重大危害治安事件之發生時，既能及早破獲相關之犯罪集團，並免該槍彈、刀械續遭持為犯罪所用，足以消弭犯罪於未然，自有減輕或免除其刑，以啟自新之必要……。

二、行為人雖於偵、審中自白槍彈來自他人，但該人已死亡，顯無查獲或因而防止重大危害治安事件之發生可言，自與該槍砲彈藥刀械管制條例第 13 條之 2 第 3 項規定之因而『查獲』之情形有別行為人雖於偵、審中自白槍彈來自他人，但該人已死亡，顯無查獲或因而防止重大危害治安事件之發生可言……（最高法院 91 年度台上字第 2969 號判決意旨）。

在法院餐廳辨別身分的方法

來法院餐廳,可以看到很多法官、檢察官和律師。

民 民ㄋ

一個人吃飯的,通常是法官。

三五成群吃飯的,通常是檢察官。

民 民ㄋㄋ

那旁邊幫忙垃圾分類的,是在做公益活動的律師。

法院餐廳冷知識…

※ 本篇取自一位法官前輩的分享。

在法院餐廳吃飯的人很多,有法官、檢察官、法官助理、檢察事務官、司法事務官、書記官、通譯、錄事、執達員等(上述是想到的就列上,不是按職等排序),還有來開庭民眾或專程到法院餐廳吃飯的民眾。

這位法官前輩分享,法官如果去餐廳吃飯,通常是一個人。

為什麼法官通常是一個人去餐廳吃飯呢?前輩說,因為法官是「獨立審判」。法官多半是一個法官開庭(除非合議庭),然後一個人看案件資料與寫判決。每個法官都有自己的時間安排,很少湊在一起,所以法官通常是一個人去餐廳吃飯。

這位法官前輩分享,檢察官如果去餐廳吃飯,通常是很多檢察官。

為什麼呢?因為檢察一體。事實上檢察官常常群體行動,例如之前有媒體報導選舉查賄,臺北地檢署就出動一位主任檢察官與五位檢察官偵辦收賄。

至於為何幫忙垃圾分類的是律師?不好說……。

沒有電梯的法院

法官從事審判工作的地方，是法院。

自當律師以來，從北到南的法院，以地方法院來說，去過的有士林地院、臺北地院、新北地院、桃園地院、臺中地院、雲林地院、臺南地院、高雄地院等。每個法院建置各有特色，有些法院富麗堂皇，有些法院古色古香。

為了了解法院建置，我還去查詢資料。查了才知道，台灣的法院建築，起源於日治時期。目前還保有日治時期的法院建築，就是舊臺南地方法院及台北的司法大廈。

後來興建的法院，都是莊嚴又寬敞的現代建築。相較之下，我認為舊臺南地方法院是個珍貴的保存。舊台南地院算華麗的巴洛克建築，現在改為司法博物館，一般民眾都可以前往參觀。

去台南遊玩的朋友，我推薦去舊臺南地院即現在司法博物館參觀。因為可以一探法院建築，又沒有嚴肅的氣氛，可以親近法院。像我帶小孩去參觀，沒想到女兒看到律師爸爸開庭的地方還滿興奮的，一下到律師的位子上，一下又跑到審判長位子拿著法槌，可以知道法院是做什麼的，我認為很有教育意義。

至於哪些法院沒有電梯？這個答案，就留給讀者實際走訪探詢囉。

法官，我沒有販毒而且家有老母

母親總是護子心切@@

※ 本篇取自某檢座前輩臉書貼文。

如果去旁聽毒品案件，法官在最後一次開庭都會問家庭生活狀況與科刑範圍。這時候常常可以聽到毒販說：家裡有年長父親、母親或兄姊，希望可以早點回家照顧自己的爸爸或媽媽，請法官從輕量刑。

為什麼法官會問家庭生活狀況？

因為我國刑法第 57 條規定，科刑時應以行為人之責任為基礎，並審酌一切情狀，尤應注意下列事項，為科刑輕重之標準：一、犯罪之動機、目的。二、犯罪時所受之刺激。三、犯罪之手段。四、犯罪行為人之生活狀況。五、犯罪行為人之品行。六、犯罪行為人之智識程度。七、犯罪行為人與被害人之關係。八、犯罪行為人違反義務之程度。九、犯罪所生之危險或損害。十、犯罪後之態度。

因此，法官要判毒販關多久，必須考量犯罪行為人的生活狀況。然後，法官在判決書上會這麼寫：「審酌被告之前科素行，參以坦承犯行之犯後態度，暨衡酌被告於本院審理時所供述之教育程度、職業、家庭經濟狀況等一切情狀，量處 ＿＿＿ 刑。」

至於圖中毒販如此孝順，年邁母親也如此坦白，到底該從輕量刑還是從重量刑呢？

法官，我們沒什麼錢

學校請求返還當初出借的宿舍…

你們有何答辯？

被告視訊開庭：

和法官報告！

宿舍是我媽媽那時當老師，政府配給我們住的。我們那時還小，哪裡知道什麼所有權。雖然我媽媽走了，但我們沒什麼錢，而且那宿舍空著，我們還要繼續住。

可是學校請你們清空屋內東西返還宿舍…

你們母親去年去世了…

不可能！我們三個人住美國！

在美國怎麼回台清空！

原來沒什麼錢只能住美國…

一般而言，民眾就民事訴訟案件委任律師之後，就交給律師處理，自己不會出庭。不過，有些民眾想要親身經驗開庭過程，即便請了律師，自己還是會出庭。

還有一種情況，民眾請了律師之後，自己也現身法庭，就是法官要求當事人一定要來。當法官要求當事人一定要來，通常是有些問題，覺得問當事人比較清楚，同時也透過詢問當事人發現一些隱藏的問題。

這個請求返還老師宿舍的案子，案情大概是台北市某國小配發台北市三房兩廳宿舍給老師居住，可以住到死亡。這位老師在案子起訴前一年死亡，享耆壽大概九十多歲，學校因此請求老師的三位繼承人（即被告）返還宿舍。

法官在上一次開庭要求三位被告要親自到庭，不過當時因為新冠疫情，三位被告要求視訊開庭。

開庭時，法官問三位被告：為什麼你們覺得你們可以住在那裡？三位被告答：因為是我媽媽那時當老師，政府配發給我們住的。法官問三位被告：你們有所有權嗎？三位被告答：我們那時才國小，哪裡知道什麼所有權，就是因為我媽媽當時當老師配發的宿舍。

法官問三位被告：現在你們母親死亡了，原告現在請你們返還宿舍，你們有什麼意見？三位被告說：我媽媽走了，但我們沒什麼錢，而且那宿舍空著，我們還要繼續住。法官繼續問被告：可是現在原告請你們整理屋內東西返還給他們，你們有什麼回應？被告：我們現在三人都住在美國，怎麼回去台灣整理！

│ 備註 │ 幾個月後查詢判決，三位被告敗訴。

法官開庭也要會台語

濁水溪以南開庭必備：台語！

※ 本篇取自某天到雲林法院開庭。

那天到雲林法院開庭，因為早到快一小時，就先進入法庭旁聽法官前面開的庭。

法官問原告傳喚的證人，是一位農婦，不會說國語，只會說台語（閩南語）。法官用台語問：你平常工作做什麼？農婦回：薅草（台語）、揀菜（台語）。法官看書記官好像不知道打什麼，便補充說：薅草是拔草，揀菜是挑菜啦。

那次我很佩服這位法官台語有夠好，後來在台中遇到一位法官用台語解說袋地通行權，也是十分敬佩。

臺中法院那位法官審理的確認袋地通行權案件，原告有請律師，被告是很多位清水阿公阿伯與一位青年，只有青年有請律師。

作為被告的阿公阿伯不清楚什麼是袋地通行權，也不清楚為何自己變被告。這時候法官變成民法物權、共同訴訟的老師，在法庭上解說什麼是袋地通行權、什麼是確認袋地通行權、什麼共同訴訟。中間因為有阿公用台語問，法官還切換台語，繼續解說。

用台語解說袋地通行權，真的超強呀！

│備註│根據全國法規資料庫的解釋，所謂「袋地」是指這塊土地的四周都為他人的土地所圍繞，因而與公路隔絕，必須通行他人的土地才會到達公路。依據民法第 787 條第 1 項規定，土地因與公路無適宜之聯絡，致不能為通常使用者，土地所有人得通行周圍地以至公路。賦予袋地所有人通行周圍鄰地的權利。

法院也需要乖乖，但不要五香乖乖

法官下午就收到五箱案件卷宗了⋯⋯

你知道 2022 年全國地方法院總共新收案件數有多少嗎？

根據司法院統計，2022 年全國地方法院新收案件數是 3,479,797 件，包括民事案件、刑事案件、行政訴訟案件、強制執行案件等。這近 350 萬的案件，只是新收案件，還沒包括之前還沒結案的。

面對這麼多的新收案件，如果案子進行不順利，或是案子審理中碰到當事人死亡等，就可能導致案件結案遙遙無期。

法官還會擔心，原本案件卷宗明明只有一本，開了幾次庭後，因為一下這邊聲請鑑定，一下另方聲請函詢其他機關，案件居然從一本變成五箱。天呀！一個案件有五箱資料，這得要看多久呀。

傳說中，法官辦公室放了乖乖，就可以讓案件乖乖，不會越開越多資料。但是，要買對的乖乖。

目前乖乖有很多口味，經典款有奶油椰子、五香、巧克力，新奇口味有黑糖、洛神花、烤地瓜等等。這麼多款式這麼多口味，法院傳說中，要讓案件乖乖就要買綠色乖乖。千萬千萬不能買五香口味，否則案件變五箱……。

逃員地方法院？

當法官的學長曾說：分發最怕去＿＿＿法院，因為案件爆多

多數法官與檢察官是經由司法特考錄取，經過兩年司法官訓練，結業後由司法院及法務部依相關規定分發各地方法院或檢察署服務。根據司法院資料，訓練及格的法官，到了法院不是馬上坐上審判長位子。分發到地方法院後，還必須經過候補五年、試署一年的考核程序，候補及試署期間的服務成績審查都及格，才可以派任為實任法官。

以前和學長與同學聊到，他們說司法官分發，最不想分發到桃園地方法院或桃園地方檢察署，因為案件真的很多，所以稱為「逃院」。

根據司法院「地方法院各類案件新收件數——依場所別」統計資料，2021 年桃園地方法院刑事案件新收件數是 49,032 件，全國排名第一（第二是臺中地方法院 45,041 件、第三是新北地方法院 42,779 件）。

而根據 2021 年「臺灣桃園地方法院刑事庭各股與桃園地檢署公訴檢察官各股對應表」，桃園地方法院刑事庭共有 77 股。以新收件數 49,032 件除以 77 股，平均每股一年新收件數為 636 件。

我自己是桃園人，從小在桃園長大。說實在話，我還真的不知道桃園的治安事件有這麼多，導致桃園地方法院刑事案件新收件數是全國第一。

犯罪常出現的暱稱

被告，是誰找你當車手取款的？

嗯…

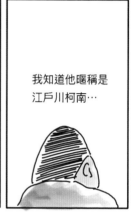

我知道他暱稱是江戶川柯南…

原來組織首腦是柯南！

經過快三十年，原來真相是！？

※ 本篇漫畫取自許多詐欺案件刑事判決。

犯罪者在犯罪時為了不被抓到，常會使用暱稱，例如：皮卡丘、柯南等。

先以誹謗為例，有人為了在網路誹謗別人而不被查到，會選擇使用暱稱而不用本名。如果沒辦法查到 IP 地址，被誹謗的人就必須自己蒐證，肉搜該暱稱曾經發表過的文章，從中搜尋誹謗者的個人資料或比對出這個人是誰，才能告到對的人。

在詐騙案件中，躲在幕後的首腦或犯罪設計者一律都使用暱稱，這也是詐欺案件很難抓到首腦的原因之一。例如：臺灣新北地方法院112 年度審金訴字 807 號刑事判決之附件起訴書：「被告自民國 111 年 10 月初某日，加入真實年籍姓名不詳、社群軟體 Telegram（下稱 TG）暱稱『江戶川柯南』即綽號『葉平舞』之人（另行由警追查）、暱稱『呃』即綽號宗欣儀之人（另行由警追查）所屬之詐欺集團，擔任領款車手之工作。」

搜尋刑事判決，刑事判決常出現的暱稱除了「柯南」外，還常見「小智」、「大尾」、「高富帥」、「卡比獸」。其中，很常看到寶可夢的角色名稱。

螃蟹有沒有比較肥

當毒販遇見常去蚵仔寮漁港的橋頭地院法官⋯

※ 本篇綜合真實毒品刑案與一位法官分享常去蚵仔寮漁港買魚。

毒販賣毒或吸毒者訂毒品，多是用其他名詞或暗語指毒品，例如：最高法院 112 年度台上字第 612 號刑事判決：「一般所熟知第一級毒品海洛因之代稱『女生』暗語……。」；臺灣高等法院 臺中分院 112 年度上訴字第 253 號刑事判決：「購買第二級毒品甲基安非他命時，就第二級毒品甲基安非他命均以『二哥』代稱。」臺灣高等法院高雄分院 111 年度上訴字第 1191 號刑事判決：「於警詢中證稱以『機油半箱』代稱『甲基安非他命半錢』而與被告為毒品交易之事……。」

在查詢毒品相關判決時，看到臺灣澎湖地方法院 110 年度訴字第 13 號刑事判決中，被告用「螃蟹」指稱毒品而且證人清楚說明，滿有趣的。該判決寫到：「證人陳○精於偵查及審判中業已證述：109 年 11 月 30 日通話譯文，『螃蟹』指安非他命，2 千是指安非他命的價錢，是我要買 2,000 元的安非他命，我有當場交付被告現金。『有沒有比較肥』指安非他命品質好不好……。」

後來看司法院影片，看到橋頭地方法院簡祥紋法官去蚵仔寮魚市逛市場買魚，除了買魚吃魚外，也把逛市場當休閒娛樂。看到簡法官熟門熟路逛魚市，我就想到結合之前看到的螃蟹毒品判決，畫成了這篇漫畫。

對了，王記真的是賣炸肥腸，不要搜索他喔。

辦桌打包的腿庫超好吃

法官晚上辦公室工作中：

晚餐蒸好了。

啪

你問我晚餐吃什麼？

昨天去吃辦桌的打包，
辦桌的腿庫超好吃！

趕判決必備小電鍋。

※ 本篇靈感來自一位法官展示辦公室的電鍋，加上有一陣子臉書
　 被流水席（辦桌）貼文洗板。

法官工作和一般上班族一樣，也要吃三餐（廢話）。

很多時候，法官可能三餐都是在辦公室解決。早餐可能是吃個麵包配咖啡，午餐與晚餐可能是在法院餐廳用餐或外出覓食，也可能自己帶便當。

那法官自己帶便當怎麼加熱？一般人直覺想到用微波爐或電鍋呀！可是，法院不一定有或不一定能用微波爐或電鍋。

根據司法院2021年9月的新聞澄清寫到：「本院（指臺北地方法院）所在之司法新廈，因建築物老舊，且機關人員眾多，為司法新廈三個機關（另二個機關為法務部及臺灣臺北地方檢察署）中人數最多，用電量亦為最高。因此，為維持用電安全，並避免瞬間用電量過大，造成跳電或電線走火等意外，十餘年來均未准許機關同仁私自攜帶微波爐、烤箱、電鍋、電磁爐、電湯匙等瞬間高用電量之炊具到院使用，而為考量加熱食物之需求，本院在同仁辦公之樓層均設置有數個蒸飯箱供機關同仁使用，以兼顧機關用電安全及同仁需求。」台北地方法院有蒸飯箱，但不能用電鍋與微波爐。

不過，對於工作繁忙、用餐時間常常無法固定的法官來說，用微波爐或電鍋加熱，還是比較方便。

特別是晚上想熱辦桌打包的腿庫、米糕、雞湯時（流口水）。

關於法院分案的傳說

某天，法官開心跟國內旅遊團：

哦耶

難得請假～

收到書記官傳訊…

糟糕，有不祥預感…

法官，我們抽到重大
矚目案件了。

果然

傳說重大案件抽籤，若法官不在位子上…

各行各業都有些傳說或迷信，法院也是。這篇就來談重大案件分案的傳說。

什麼是分案？每天都有新案件進入法院，為了審理與結束案件，必須將案件分給法院內的法官，就是所謂的分案。

那怎麼把案件分給法院內的法官？原則上依案件的種類、字別以電腦抽籤來分案。如果是假扣押、假處分、定暫時狀態處分、停止執行或證據保全案件，則分給原承辦或現在承辦本案的法官。

所有案件都是用電腦來分案嗎？不是，如果是案情特殊或社會矚目案件且有必要時，則改用人工抽籤方式分案。至於所謂社會矚目案件，基本上當我們打開電視或網路一直看到報導的案件，就是社會矚目案件。

當用人工抽籤來分案時，就涉及一個傳說了。傳說中有案情特殊或社會矚目案件要抽籤時，法官最好要坐在辦公室座位上，直到抽籤結束。如果法官不在座位上，就會抽到那位法官，由他負責這件重大案件。如果法官恰好在抽籤時有急事或上廁所，至少放個娃娃在位子上，避免抽中重大案件。

關於分案，還有一個傳說，傳說中如果法官、法官助理或書記官一旦說結了很多案件可以稍微休息，那就等著抽到重大案件。

關於法袍的傳說

每個職業都有特有的迷信傳聞，法官也有。

這篇來談關於法袍的傳說。

什麼是法袍？到了法院開庭，會看到每位司法工作者都穿著黑底制服，黑底制服就是法袍。

法袍底色都是黑色，鑲邊則依身分而有不同的顏色。依照法官、檢察官、公設辯護人、律師及書記官服制規則第 4 條規定，各制服鑲邊之色別如下：一、法官用藍。二、檢察官用紫。三、公設辯護人用綠。四、律師用白。五、書記官用黑。

為什麼用不同顏色？有什麼意義嗎？有人說是希望法官青天詳察，所以用藍色；紫色代表正義與懺悔，表示希望檢察官實現正義。至於為什麼律師是白色？有人說是表示忠誠潔白，也有人說律師要幫助法官分辨案件黑白，還有一說是因為律師要把黑的講成白的……。

為什麼開庭都要穿法袍？依照法官、檢察官、公設辯護人、律師及書記官服制規則第 2 條規定，法官、檢察官、公設辯護人、律師及書記官在法庭執行職務時，除法令另有規定外，應依本規則服制服。

之所以規定在法庭執行職務時要穿法袍，主要意義在於彰顯穿上法袍就不是一般人，以彰顯法律工作的慎重與神聖。這有點像是道士穿道袍、法師穿法袍，或民間熟悉的八家將著袍開臉後，自己就是代表神明而不是一般人。

無論是法官、檢察官、書記官或律師的法袍，都有一個共同的傳說，就是不能穿法袍上廁所。還有人認為法袍不能洗，洗了就洗去「法力」（法律的力量）了。

聽說案件卷宗不能放地上

聽說案件卷宗不能放地上，否則會「落地生根」，很久很久才能結案。

哈哈哈！怎麼可能！

怎麼可能落地生根，我來試試看…

分割共有物訴訟

十年後：

本件宣判…

做人真的不能太鐵齒！

曾聽過一個法院傳說，就是案件卷宗不能放地上，否則案件會落地生根，變成很久才結案。

不過，實際上很多時候法院各股別辦公室都是放滿了案件卷宗，當沒地方放的時候，就是放地上。如果碰到一次分到很多新案或一個案件很多卷，連桌子與櫃子都放不下時，當然只能放地上。

如果還是有點迷信的人，可能會採權宜方法，就是放進紙箱後才放到地上，或是地板先鋪個紙再放案件卷宗。

事實上，有些案件的本質就是會開很久，例如分割共有土地的訴訟。

這種分割土地訴訟現在很比較常出現在非都市地區，可能阿公的阿公的阿公擁有一筆土地，然後死亡後由後代子孫繼承。到了其中一代其中一個人想要分割土地時，子孫已經開枝散葉了，這時候很難協議分割，必須走上訴訟請法官裁判分割。

分割共有土地訴訟一定涉及很多人，少則數十人，多則可能幾百人。而且很可能出現原告或被告其中一人在訴訟時死亡，必須由其繼承人承受訴訟。

如果遇到很多原告或被告年事已高，很可能出現當事人依序死亡……（時候到了），又拉長案件審理的時間。

17

法官，我有去廟裡求籤

被告有何答辯？

我有去廟裡拜拜求籤，
說法官會還我清白。

......

見官終有理
占病定無憂
求財多得遂
凡事盡綢繆

那這籤詩是當證物還是答辯狀？

當信奉民間信仰的民眾遇到問題時，常到廟宇抽籤與擲筊，尋求神明指示或解惑。碰到法律或官司問題時，也是如此。

在法院或地檢署，法官與檢察官偶爾會遇到有民眾去廟裡求籤，說法官或檢察官會還他清白。

其實，不只涉訟的當事人會求籤，在司法實務上也有檢察官用籤詩鼓勵證人說實話，例如臺灣基隆地方法院 96 年度訴字第 915 號刑事判決寫到：「檢察官持城隍廟內載有『人說今年勝去年，也須步步要周旋，一家和氣多生福，薑菲讒言莫聽偏』之籤詩給證人觀看，用意係『規勸證人據實陳述』……。」

籤詩也會出現在律師與當事人間，先前聽幾位前輩分享，當事人之所以找他與委任他，就是因為去廟裡求籤。我自己則是遇過當事人委任我處理案件之後，去廟裡求籤看我能不能幫他處理好問題。

我想，上面所說求籤的情況，還是會一再出現。如果求籤能讓人心安，是不錯。不過，廟宇籤詩有賴人為解釋賦予意義，對於不同人就不同問題或相同問題，即使抽到同一的籤詩，還是能透過人為解釋方式有不同的答案。因此，抽到大吉或大凶，還是別想太多。

你是哪裡人？

下次可以問看看住中壢的朋友：你是哪裡人？

你是哪裡人？

原告或被告是哪裡人，在訴訟上是重要的事情，特別是決定那個法院可以管轄。

民事訴訟法第 1 條第 1 項就規定，訴訟，由被告住所地之法院管轄。所以，如果今天要告人，除了有特別規定特定類型案件是專屬管轄外，原則上就是要到被告住所地的法院去告他，這叫「以原就被」原則。

至於戲劇上演的律師、檢察官或法官聊到自己是哪裡人，在現實上也有可能發生。

不過，之前讀到蔡碧玉檢察官寫的一篇短文，提到應關注司法官的城鄉差距問題。根據 58 期司法官學員的統計資料，戶籍在六都的占超過七成。其中，戶籍在雙北超過四成。

因此，如果問法官是哪裡人，可能是台北或新北人居多。其次可能是高雄、台中、桃園或台南人。

蔡碧玉檢察官說這可能反映了「階級司法」現象，司法官多出身大都會或高社經階層，但面對的當事人多是弱勢階層，會不會有認知落差或無法感同身受？

答案不得而知，可以確定的是，如果在法庭上硬要和法官拉近關係說是同鄉，企圖取得有利判決，是沒有效的。

全國最多的孝子在羈押庭

當檢察官聲押後，被告都超愛家⋯

延續司法界流傳一句話：「全國最多的死人在槍砲庭，全國最多的孝子在羈押庭。」

為什麼全國最多的孝子在羈押庭？

刑事偵查中，如果檢察官認為有羈押被告的必要，則可以向法院聲請羈押被告（簡稱聲押）。這時候依照憲法第 8 條、大法官會議解釋釋字第 392 號與現行刑事訴訟法第一編第十章規定，由法官來決定是否羈押。

羈押就是被告被關起來了，只是關的理由不是因為法官判決有罪確定。而是法官認為被告犯罪嫌疑重大，且有「有逃亡或有事實足認為有逃亡之虞」或「有事實足認為有湮滅、偽造、變造證據、或勾串共犯或證人之虞」（俗稱串供或串證之虞），或「所犯為死刑、無期徒刑或最輕本刑為五年以上有期徒刑之罪」（俗稱犯重罪）等情形。法官為了之後刑事程序的進行，認為有羈押被告的必要，就會決定羈押被告，簽發「押票」。

被告為了不要被羈押，就會主張各種理由，最常見的是家有老母。被告可能會說家中沒有其他人可以協助照顧母親，我必須回家照顧，請不要押我！被告也可能會說母親骨折需要開刀，加上女友懷孕好幾個月，我一定要在家，所以不能押我！

傳說中，有被告套用「家有老母不能押我」主張，力拚不被羈押，可是老母已經上天堂了……。

做虧心事的人才需要請律師？

被告：為了證明我的清白，我今天穿白裝。

※ 本篇漫畫取自幾位法官前輩的分享與自己親身所遇。

即便現在法庭劇都會演到司法人員對犯罪嫌疑人說：「你有權保持沉默。否則你所說的一切都可以在法庭上作為指控你的不利證據。審問之前，你有權與律師談話、得到律師的幫助和建議。受審時，你也有權讓律師在場。如果你想聘請律師但負擔不起，法庭可遵照你的意願，為你指定一位律師。」這是許多人都知道的米蘭達宣言或米蘭達警告。

我國刑事訴訟法第 95 條第 1 項也規定：「訊問被告應先告知下列事項：一、犯罪嫌疑及所犯所有罪名。罪名經告知後，認為應變更者，應再告知。二、得保持緘默，無須違背自己之意思而為陳述。三、得選任辯護人。如為低收入戶、中低收入戶、原住民或其他依法令得請求法律扶助者，得請求之。四、得請求調查有利之證據。」

這樣看起來，一旦被列為犯罪嫌疑人或被告，為自己找個律師保護自己，是再正常不過的事情。

不過，現在還是會碰到被告不請律師。不請律師的理由是，因為請了律師就等於自己有做，或認為有做虧心事的人才需要請律師。

這絕對是錯誤觀念！被告為了保護自己，可以有力有效面對檢察官或國家機器，是需要律師協助的，例如：檢察官以失竊車子上留有指紋而以竊盜罪起訴被告，但被告雖然留有指紋但真的沒偷那台車，這時候就需要律師幫忙協助與辯護。

所以，別相信傳說中有做虧心事的人才需要請律師。

CHAPTER 4
法院訴訟二三事

上法院告人不是免費的喔

報價可以解決紛爭，在法庭上也適用。

很多人認知法院是國家開的，故誤以為上法院告人不用錢。

去地檢署對別人提出刑事告訴，是不用付錢給地檢署；不過，上法院告人，是要付費給法院的，付的是裁判費。

那裁判費繳多少？怎麼計算？以民事訴訟為例，依照民事訴訟法規定，先區分因財產權而起訴與非因財產權而起訴，兩種計算方式不同。

先說非因財產權而起訴：例如告人請求對方不能做什麼行為或要求對方要做什麼行為。依照民事訴訟法第 77 條之 12 與 14 規定，非因財產權而起訴者，徵收裁判費三千元。訴訟標的之價額不能核定者，以不得上訴第三審之最高利益額數（司法院以命令提高為一百五十萬元）加十分之一定之。

再說因財產權起訴：例如告人要對方賠償三百萬元。依照民事訴訟法第 77 條之 13 規定，因財產權而起訴，其訴訟標的之金額或價額在新臺幣十萬元以下部分，徵收一千元；逾十萬元至一百萬元部分，每萬元徵收一百元……。

講白了，因財產權起訴的裁判費，就是要對方付的越多，繳給法院的裁判費也越多。

這樣理所當然的觀念，對很多人卻不是理所當然。之前和民眾解說民事訴訟要繳裁判費，就聽過民眾碎唸：「唉呦，難怪人家說有錢判生、沒錢判死。」

勘驗是很稀鬆平常的

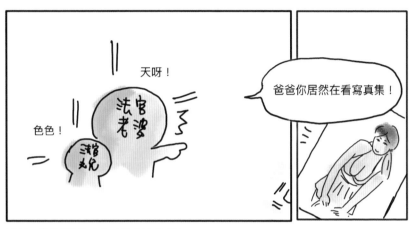

真的是跳到黃河也洗不清…

※ 本篇靈感取自臺灣高雄地方法院 110 年度訴字第 451 號民事判決，某位藝人與醫美診所的糾紛。

曾看過一個案件是某位藝人與醫美診所簽訂了合作契約，由醫美診所幫藝人施行手術，藝人則提供肖像權見證。可是，後來藝人在臉書上反諷該醫美診所手術品質不佳，醫美診所覺得商譽受損而提告。

這個案件其中一個爭點，醫美診所是不是手術不佳？

這個案件的法官很認真，還親自觀看驗了該位藝人的寫真集，判決寫到：「查原告與鄭 OO 均不爭執是於接受系爭手術後，始拍攝系爭寫真集，惟觀審訴卷第 17 頁、本院卷一第 401 頁等系爭寫真集相片，均未能看出鄭 OO 之大腿有凹凸不平情況，是如高雄元和雅診所施作系爭手術之結果，已使鄭 OO 之大腿產生異樣，實難認鄭 OO 於術後拍攝之寫真集照片未能視見此等結果，亦難想像鄭 OO 仍會發表前揭感謝詞，又或者會於接受系爭手術之數年後，始重新就大腿進行醫學美容。則綜合上開證據情事，難認鄭 OO 所述系爭手術之品質、結果不佳一事屬實。」

法官親自觀看寫真集，法律上稱為勘驗。所謂勘驗，依照司法院裁判書用語辭典，是法院調查證據的一種方式。指勘驗人純粹以五官去感知物的存在和狀態的過程。例如：在交通事故事件，法官到現場查看車禍現場紅綠燈變換、幹支線道等狀況。

勘驗在訴訟程序上是很稀鬆平常的，所以為了案件需要看影片與照片，是法官的日常。

請問暗號

你好，是法院嗎？我是阿西啦，明天開庭我沒辦法去，要請假！

喔好，請問案號？

書記官

？？？？

暗號喔？

力拔山兮氣蓋世！

阿嬤，是案件編號啦！

法院書記官經常接到當事人或民眾來電，多半是詢問案件問題或想要請假。

有些民眾劈頭就說：你們通知我 5 月 5 日要開庭，可是我那天有事不能去。這時候書記官疑問是：你是誰呀？

有些民眾可能像漫畫中阿嬤一樣，有報上自己的大名。可是，書記官經手的案件何其多，通常沒辦法聽到大名就知道來電者是哪個案件。這時候書記官會詢問來電者：請問案號？請注意，是「案號（案件編號）」，不是暗號喔。

依照民刑事件編號計數分案報結實施要點規定，每個案件進入到法院都有案件編號，案件是照年度、案件種類及繫屬次序來分編號，例如臺灣臺北地方法院 109 年度訴字第 2122 號。

如果可以的話，民眾打電話到法院詢問自己的案件，最好知道案件的承辦股別，這在開庭通知或法院通知上都看得到。最好也直接按照開庭通知或法院通知上打承辦股別的分機號碼，這樣比較快聯繫到承辦股別的書記官。

總之，請記得，當打電話給法院，書記官詢問案號時，是問案號不是暗號喔。

戲裡演的當庭遞狀不要學

請問這是？

當庭遞狀！答辯狀加
證物附件共五百頁！

看劇前要注意看：「本劇司法程序採非寫實的戲劇效果。」

在某些法庭戲中會看到律師在開庭時很帥氣地將書狀遞給法官，請法官參閱。這在司法圈中稱「當庭遞狀」，即開庭才給法官要主張的書狀或證據。

這戲劇中橋段，原則上是不良示範。

為什麼這麼說？其實開庭和開會一樣，開會需要事先通知與會者什麼時候在什麼地方開會外，還需要告訴與會者開會要討論什麼或開會主題，這樣與會者才可以事先準備，當天開會才有效率。

開庭也是如此，開庭前需要告訴原告與被告什麼時候在什麼地方開庭，開庭前最好被告能收到原告的書狀、原告能收到被告的書狀，這樣原告與被告才可以事先準備，當庭那天辯論或吵架才能有效率。

例如民事訴訟法第 250 條規定，法院收受訴狀後，審判長應速定言詞辯論期日。然後第 251 條第 1 項與第 2 項接著規定，訴狀，應與言詞辯論期日之通知書，一併送達於被告。前項送達，距言詞辯論之期日，至少應有十日為就審期間。但有急迫情形者，不在此限。

所以，看劇前要注意看：「本劇司法程序採非寫實的戲劇效果。」實際上，律師當庭遞狀可能會被法官唸，現實中不會有這麼帥的當庭遞狀。

合議庭要有三個法官

合議庭要由三個股別法官組成，如果是：

法院真的有泰股、白股、蘭股喔。

※ 本篇漫畫取材自《 章魚法官的家庭法學課 》，頁 250。

法院開庭依照法官人數組成，可以分成合議庭（合議審判案件）與獨任庭（獨任審判案件）。依照法院組織法第3條規定，若是地方法院審判案件，以法官一人獨任或三人合議行之。到了高等法院，以法官三人合議行之。審判案件再到了最高法院的話，除法律另有規定外，以法官五人合議行之。

看了上述規定，高等法院和最高法院都是合議庭，那怎麼知道地方法院案件是獨任或合議？地方法院怎麼決定一個案件是獨任審判案件或合議審判案件？

地方法院審判案件原則上是獨任制，例外情況是合議庭。什麼是例外情況？是指法律有特別規定、重大案件或法院認為合議的必要。法律有特別規定的情況，例如：刑事訴訟法第284條之1規定最重本刑為三年以下有期徒刑、拘役或專科罰金之罪，第一審應行合議審判。

在法院為了行政管理與案件分配，每個法官都有一個股別。獨任審判案件就是一個股的法官負責，合議審判案件則是由三個股別的法官組成。

而合議審判案件要由哪三個股別法官一起審理，法院通常會先在法官事務分配表寫好。以臺北地方法院家事案件為例，就寫到家事案件合議庭組成股別有：家諧和、家定福等。

經查詢，有法院真的有泰股、白股與蘭股⋯⋯。

06

案件開花了

放了乖乖後還要記得有沒有過期或被偷吃喔！

※ 本篇漫畫靈感取自一位法官前輩放在辦公室的乖乖被老鼠偷吃。

上班族都不希望工作越來越多做不完，或專案一波三折不能結案。同樣地，法官也是，法官不希望案件開到開花不能結案。

以民事案件來說，如果原告起訴後雙方都沒太多主張或聲請調查證據，法官可以很快審理後結案。不過，依照民事訴訟法規定，原告起訴以後，在特定情況下，原告增加訴訟請求的事項（聲明），即一般民眾俗稱的加告。

民事訴訟規定可以加告的情形有：被告同意、請求之基礎事實同一、擴張或減縮應受判決事項之聲明等。

民事訴訟法規定原告可以加告，也規定了被告可以反訴（俗稱反告）。民事訴訟法規定被告對原告及就訴訟標的必須合一確定的人，還有與本訴相牽連的爭議，可以提起反訴。

如果一個案件原告起訴後，後來加告，還聲請調查證據。然後被告提起反訴，加上聲請調查證據。這案件的審理期間就會拉長，法官要做的事情也會變多，就開花了。

法官常看後退的書狀

退步言之…

退百步言…

退千步言…

退十萬步言…

退萬步言…

法官在做什麼？

模擬被告答辯狀論述層次…

然後法官就退到牆角了…

法官很常閱讀往後退的書狀。

什麼是往後退的書狀？就是原告或被告在書狀上寫「退步言之」。通常書狀上有「退步言之」後，接下來還會有「退百步言」、「退千步言」、「退萬步言」等等。

之前有當事人問我：「律師，什麼是退步言之？」白話說就是退一步來講，這句話後通常接續縱使對方說的是真的或依照對方說的情況，結論還是一樣，例如：退步言之，縱使為被告犯行所致，被告於客觀上亦無從有預見之可能，則被告之行為，即不該當傷害致重傷罪之構成要件，而僅構成普通傷害罪。

不管是退步言之、退百步言、退前步言等等，都是為了建構有利自己的論述。假設不同情況下或對方說的就算是真的，在法律上的主張與論述。有些律師為了強調退步言是一種假設，還會特別在句子後寫（假設語氣），例如：退步言之，縱使最初目的包含支持原告（假設語氣），亦因原告退出比賽後隨之辦理退款完畢，故募款最終金額亦與原告毫無干係。

當已經退十萬步言，如果還有繼續退一步假設性論述，就會繼續「退百萬步言」、「退千萬步言」……。

筆錄很重要喔

書記官只是單純記載筆錄呀！

※ 本篇漫畫取自一位法官前輩臉書貼文。

如果諮詢遇到堅持不請律師要自己訴訟的民眾，我通常會問他：你覺得開庭時要看哪裡？

很多人回答看對方，我說：「不對，是看法官和你面前的螢幕。」

有時候旁聽其他案件開庭，會遇到法官請陳述的當事人看一下電腦螢幕。

為什麼要看面前的電腦螢幕？因為那是書記官打的筆錄，而筆錄記錄了法官說了什麼、你說了什麼和對方說了什麼。

看螢幕上的筆錄，要確定書記官打的筆錄和你說的一樣，例如說對方要付一百萬，就要確認書記官在筆錄也是打一百萬。

還有，如果對方說的是不利他或有利你，但書記官沒有記到，這時候就要提醒法官與書記官，補上遺漏的一段。

例如對方原本否認有債務存在，但講得太忘我，不小心自己承認。對於如此重要一段話，就要確定書記官有打在筆錄中。如果沒有，等到下次開庭，對方繼續否認有債務存在，而你說上次開庭對方有承認，結果筆錄沒有記載，一切又回到原點。

特別是法官記憶有限或中途可能更換法官，法官在準備開庭時，都會看一下之前的筆錄了解案件進行狀況。

所以，筆錄有沒有正確記錄，很重要！

09

法官，這是我親筆寫的訴狀

訴狀讓法官看不懂，就是給自己找麻煩…

在法院旁聽，如果遇到沒有請律師的原告或被告，他們的訴狀通常是自己寫的，可能還是自己親筆手寫的。

之前就看過有民眾當庭呈上自己手寫的訴狀，請法官明察秋毫。有的法官會不作任何的表情請通譯收著，也有法官則會露出稍微意外的表情。

民眾自己親筆手寫書狀，也是可以，只是至少要注意兩點：
第一，字要工整。如果字很潦草或歪七扭八，法官怎麼看得懂你在寫什麼。第二，要符合訴狀格式。例如民事被告的答辯狀一開始要寫案號、承辦股別、被告姓名與聯絡地址、原告姓名與聯絡地址、答辯聲明、答辯事實及理由、證物名稱、訴狀年月日等。

訴狀符合格式有什麼用？有用！方便法官閱讀，法官可以在一定格式下閱讀他想要知道的資訊，才能知道當事人的主張。

那怎麼知道訴狀格式？請上司法院，司法院便民服務內有個書狀範例，裡面有各種書狀範例，每種書狀都有可以參考的格式。

曾有民眾說：我親筆手寫訴狀，比較有誠意，法官才能感受到呀。

嗯……，寫給法院訴狀不是寫情書呀！

沒這麼恨對方了

原告，你的主張和之前一樣嗎？

法官大人，我決定撤告…

可以問為什麼嗎？

經過了一年，我發現沒這麼恨對方了…

時間有時真的能沖淡瞋恨。

※ 本篇真人真事改編。

當原告會選擇撤回起訴，有許多原因，例如：和對方私下和解了、出現原本沒想到的情況或心境改變了。

俗話說時間能沖淡一切，好像不管什麼難過或情緒低落，只要過一段時間就會好。

事實上，不是時間沖淡一切，不是時間讓訴訟當事人度過難關。讓當事人放下的，往往是當事人提告後遇到的事情。可能是當事人遇到一位引導他的智者，也可能是當事人意識到自己時間應該放在其他地方。

之前旁聽一個案件，法官應該明顯感受到原告的情緒，委屈、憤怒、生氣，所以就讓原告盡可能地說。當原告說完後，可能很意外法官讓她說，然後稍微理智了些。

我常和學生分享：律師常常是賺一口氣的錢。為什麼？因為很多時候一個人之所以告對方，是因為嚥不下一口氣，所以才將對方告上法院。後來上了幾次法院之後，可能因為一些原因，這口氣就煙消雲散，也不想繼續告下去了。

不過，對於很多人來說，即便訴訟經過一年或二年，還是希望用訴訟讓對方得到教訓。

11

國民法官之勿以貌取人

某國民法官模擬法庭：

受命　陪席

審判長

請國民法官甲陳述你認為被告有罪之理由。

被告

本席覺得被告看起來像黑道，說話也像流氓…。

國民法官甲　受命法官

這位演被告的其實是法官同事，請不要以外貌為有罪依據……

長這樣錯了嗎…

當國民法官遇見一位燙山本頭的法官…

※ 本篇改編網友提供之真人真事詭趣事。

臉書上畫了這篇漫畫後，便有不少朋友問：「這是真的嗎？真的可能發生這種事嗎？」

先看臺灣嘉義地方法院舉辦 111 年度第 2 次「國民法官模擬法庭」新聞稿寫到：「提醒國民法官，不要因被告長相美醜、外在穿著、社經地位，而對被告產生不同評價的『月暈效應』。」

為什麼嘉義法院要特別提醒參與國民法官模擬的民眾不要以貌取人？因為過去真的發生過。例如中國時報曾報導：「國民法官的張安菊坦言，自己有婦人之仁，當被告頻頻高喊無罪的同時，感受對方態度誠懇，加上稍有顏值，所以整個人都被影響，最後投下無罪票。」

而根據王叢桂老師〈從法律心理學來看法官的量刑心證─ 對民間司改會統計實證研究的回應〉，晚近法律心理學研究，陪審團員及法官會受到嫌犯外貌吸引力的影響。所以，被告長得「獐頭鼠目」、「面目猙獰」或「面目可憎」，是真的可能被認定為有罪或判比較重；被告長得「面目清秀」或「一表人才」，則可能無罪或判比較輕。

人不被外貌影響不容易，國民法官要提醒自己這世界上也存在「面善心惡」的人，勿以貌取人。

請法官主持正義

當事人的正義就是：判我贏！

※ 本篇漫畫取自大學學長開庭的真人真事。

在法庭上常聽到原告或被告說到「正義」一詞，原告可能會說：請法官實現公平正義！或說：請法官判被告賠償，以符正義等等，被告則可能會說：請法官主持正義！或說：請法官維護公平正義等。

但是，什麼是正義？什麼正義？誰的正義？我想，沒有人可以說得清楚。許多人雖然說著「正義」一詞，但如果問他什麼是正義？卻答不出來。

查詢判決，判決裡也常寫到正義，例如：公平正義原則、實體真實與程序正義、分配正義、轉型正義等。

回顧文獻，黃異老師與張朝陽老師在〈什麼叫做正義原則〉一文寫到：「正義原則所要求的是：人的各種社會關係應公平。要達到此項目的，人在社會關係中，應獲得其應有的待遇（對待）（應有待遇原則）。但相同的人，應獲得相同待遇（對待）（相同待遇原則）。」

徐育安老師在〈正義理論與刑罰應報理論之重構〉一文試圖釐清應報理論與正義概念之間的關係，其中寫到：「觀察正義在現今德國法學界的意義，會發現其地位已經大不如前，例如德國法哲學家Rüthers便說道，我們其實並不知道何謂正義，無論如何都不算是清楚地掌握這個概念。」

這樣看來，討論正義確實是個艱難課題，每個人都有不同的答案，見仁見智。但可以確定的是，如果去問正在打官司的民眾，他會認為：判他贏就是正義，判他輸就是不正義。

給法官看的作文只寫重點

結果，女兒作文被退回重寫…

※ 本篇靈感取自一位法官前輩分享如何寫書狀。

只要上了法院，不管是民事訴訟程序、刑事訴訟程序或行政訴訟程序，都須要寫書狀給法院。以民事訴訟程序為例，告別人要寫民事起訴狀，告了之後補充起訴的理由或證據則要寫準備狀，而且接下來可能會有準備（二）狀、準備（三）狀等。

民事訴訟的被告也要寫書狀，除非被告對原告說的都同意，否則被告要寫民事答辯狀，向法院表示不同意原告提起訴訟的理由。

民事訴訟程序除了常見的起訴狀、準備狀與答辯狀外，如果覺得法官有偏祖對方的情形，可以寫民事聲請法官迴避狀，請法院換法官。如果訴訟打到一半和解或調解，原告可以寫民事聲請退還裁判費狀，請求法院退還原繳納的裁判費三分之二。

無論是哪一種書狀，都請講重點。

很多民眾都覺得書狀要鉅細靡遺寫給法官看，寫越多才能讓法官越清楚，也越有可能判他贏。這時候我會問他／她：請問你覺得法官有多少時間可以看你這份書狀？請問你知道法官一年要結清多少案件？

我們律師間聊到寫書狀時，常用寫作文代之，有些法官也會用寫作文指寫判決。法律的寫作文就是寫重點，寫該說的事實、引用證據與法條依據。說該說的。

我常這樣舉例，同樣的一塊肉，一般民眾可能直接切片燒烤，吃起來就是一般般。可是，經過專業燒肉師傅去除不必要部分，烤起來卻是十分美味，打動饕客的心。同樣的，寫書狀也是。

愛問問題的法官

是的，人工智慧可以幫助法官減少工時，並提高工作效率。

※ 本篇漫畫靈感取自一位法官前輩問 ChatGPT 問題。

之前有當事人問我，法官問很多問題，是不是在刁難他？我說，對當事人來說，法官多問問題是好事，這樣你可以知道他的疑問是什麼，進而解除他的疑惑。

最怕的是，碰到法官什麼都不問，結果收到敗訴判決。

每個法官開庭風格不同，有些法官會一直問問題，有疑問就問；有些法官可能只會問幾個問題。

不論是碰到哪種類型的法官，只要法官問問題，我們都要仔細聽，然後想：為什麼法官要問這個問題？他的用意是什麼？是有利我的問題？還是不利我的問題？

當法官問的問題，如果不清楚或想不起來，最好直接說不清楚或想不起來。千萬不要硬回答，結果說了不符合事實又不利自己的回答。

如果法官問關於事實的問題，明明是自己寫在訴狀上且一再強調的事實，卻讓你覺得法官好像不清楚事實。這時候就要先反省自己，是不是自己沒有寫清楚事實，沒能讓法官掌握情況。再來，則要想想法官是不是沒時間好好看書狀，這時要怎麼讓法官清楚了解事實經過。

記得，要先釐清問題或搞懂問題，才能解決問題。

法官的開庭態度

隱藏在旁聽席的院長。

本篇靈感取自今周刊報導：「來自律師界的司法院長賴浩敏不是沒體察出民眾上法院的感受。賴浩敏幾個月前私下到北部五個地方法院的法庭旁聽，親自領會法官的開庭問案態度。」

為什麼當時司法院院長要親自領會法官的開庭問案態度？因為民眾對司法或法院的感受，主要來自法官態度、裁判品質與審理效率。如果院長要知道法官態度如何，當然必須到實際法庭現場旁聽了解。

就我自己觀察，現在絕大多數的法官開庭態度都很平和，甚至面對不講理的當事人或大聲言語還是很淡定，沒有大罵當事人。

不過，還是有遇過開庭態度有待改善的法官。我曾在分割共有土地訴訟，遇到法官說如果不同意原告的條件，就會怎樣怎樣。還有遇過向法官聲請調查證據，法官只說沒有調查的必要，然後不給任何理由。

還是老話一句，開庭是就法官與當事人間的溝通交流，不管是法官還是當事人，大聲或回嗆實在沒必要。

如何向法官許願

太過直白的訴之聲明…

從以前到現在遇到的民事訴訟案件，法官第一次開庭的第一個問題，通常是問原告訴之聲明為何？

依照民事訴訟法規定，當原告提起民事訴訟時，需要寫所謂的訴之聲明。法院怎麼判，通常是依據當事人的訴之聲明。講白了，訴之聲明，就是你希望法官怎麼判的聲明，等同你要向法官許什麼願望。

訴之聲明必須事先寫清楚必須寫明確，讓法院知道怎麼判，也讓判決之後可以執行。如果訴之聲明沒寫好，寫的不明確，將會導致判決實際不能夠執行，或是判的不是想要的，這場訴訟就是白打了。

當法官開庭問你時，如果起訴狀事先有寫清楚，可以說：如起訴狀所載。如果起訴狀寫得不清楚，法官會問幾個問題釐清，或直接告訴原告那裡寫得不對或不清楚。如果可以，最好馬上依法官建議或事後馬上修正。

話說回來，訴之聲明就像許願。許願必須講清楚講明確，老天才能實現你真的想實現的願望。

例如 2022 年 8 月某天老婆睡前說：上班好累，好想休個長假喔。過了二天，我們一家四口陸續確診，在家待滿十天……。

結論：訴之聲明是能不能勝訴的關鍵。

不用戴口罩的一天

呼

呼

跟著老師動一動！

爸爸，你在幹嘛？

呼

運動保持身體健康，
我想活到不用戴口罩
的那一天！

呼

呼

大家一起努力！保持身體健康～

新冠肺炎病毒開始流行後，衛生福利部在 2020 年 1 月 20 日宣布成立「嚴重特殊傳染性肺炎中央流行疫情指揮中心」。中間經歷台灣社區相對安全，然後指揮中心在 2021 年 5 月 11 日起提升全國疫情警戒至第二級，過幾天後提升雙北地區疫情警戒至第三級，接著是提升全國疫情警戒至第三級。

法院對於三級警戒也有因應措施，看當時法官、檢察官與律師前輩的臉書，最大的改變是法院暫停開庭。

當時司法院公告全國各級法院原則上仍暫緩開庭，但具時效性（如已定期宣判或羈押中被告案件）、緊急性（如證據保全事件）或其他認有即時處理必要的案件，不在此限。司法院公告後，律師們不上法院是原則，上法院是例外。

那時收到的法院通知一開始大概是寫庭期改期，然後改成一個月後開庭。過不久，因為三級警戒延長了，收到的法院通知變成因防疫改期，改成一個月後開庭。再過不久，三級警戒還是持續，法院通知便改成線上開庭。

在沒有開庭的這段期間，立法院在 2021 年 6 月 18 日三讀通過「傳染病流行疫情嚴重期間司法程序特別條例」，法院可以更廣泛透過遠距視訊審理、電子傳送文書等方式進行訴訟程序。

後來恢復實體開庭之後，看著每個人都戴著口罩開庭，我畫下了這張圖。

到底要不要小孩出庭陳述意見？

取材：憲法法庭111年憲判字第8號+間諜家家酒

當家事庭法官審理夫妻離婚案件，如果夫妻有未成年子女，通常也會爭執未成年子女權利義務由誰行使或負擔，這是家事庭法官的日常。

遇到離婚後小孩應該跟爸爸還是媽媽的問題，很多人會憑直覺說：就讓小孩自己選呀！

這時候問題來了，要怎麼讓小孩自己選？是讓小孩上法院陳述自己的意見嗎？還是先讓家事調查官先去調查詢問小孩的想法？

先說明什麼是家事調查官？依照司法院網站說明，家事調查官是依法官指示就調查家事事件中特定事項、提出調查報告，協助法院了解家事紛爭真正問題的法院人員。家事調查官要做什麼？例如家事事件審理細則第 46 條第 1 項規定，關於未成年子女權利義務行使負擔事件之調解，法院於必要時，得命家事調查官先為特定事項之調查。

就這部分，我們的大法官在 111 年憲判字第 8 號判決是這麼說的：「法院『使』未成年子女陳述意見，係於審理法院主導下，於法庭內、外向審理法院為之，使其所陳述之意見得受審理法院直接聽取，其目的除在保障未成年子女程序主體權外，並有落實直接審理主義，使審理法院能曉諭裁判結果之影響，直接聽取未成年子女之陳述，以解明事件全般狀況……。」

到底要不要小孩直接出庭陳述自己的意見？我覺得司法院網站說明小孩出庭所面臨的壓力，就是一個很好的解答，其中寫到要小孩出庭，小孩將面臨出庭作證或陳述即是背叛父母一方的心理交戰……。

很有耐心的法官

最後對話引自SPY×FAMILY 間諜家家酒第一集

某天開庭遇到一位修為很好的法官，面對一個一直聽不懂他說話的原告，卻還是很有耐心。

法官問原告的主張與證據是什麼？原告說：依照這張單據，被告要給我錢！法官問那張單據有給法院嗎？原告答：有呀！我當初有寄單據給對方要求對方付錢。法官繼續問有沒有給法院？原告繼續跳針回答：有呀！我有提供給對方，你們應該也有。

法官苦笑說：「我現在明確和你說你沒有給法院，沒有給法院不能採為判決基礎。（在民事訴訟程序上，當事人要主張的證據，必須提交給法院）」原告則回：「那我下次提供。」
法官似乎覺得不用再開庭，便和原告說：「如果你下次提供，我就沒辦法今天結束後判決了喔。」原告總算進入狀況說：「那我現在影印給你可以嗎？」

大概經過二十分鐘，法官說接下來是宣判，原告直白的問：那會判我贏嗎？法官則說，等你收到判決就知道了。但原告繼續問：那如果我贏了，對方會給錢嗎？對方不給怎麼辦？法官簡短回答：那你要去執行。原告又問：那我要怎麼去執行？你可以教我嗎？

法官面對這一連串提問，還是很有耐心回答：你等等去一樓問那邊有訴訟輔導……。

當法官一天收到四份撤回起訴狀

真開心～收到四件撤回起訴狀！

難道是因為早上扶老太太過馬路！

結果，四件被告都不同意⋯

這篇漫畫改編自一位檢察官前輩某天說自己收到四份撤回告訴狀，很高興當天遇到這樣的好事。

不過，如果是一位民事庭法官收到四份原告撤回起訴狀，可能就不能高興得太早。

為什麼？因為民事訴訟法第 262 條第 1 項規定，原告於判決確定前，得撤回訴之全部或一部。但被告已為本案之言詞辯論者，應得其同意。簡單說，原告告了被告，然後開始案件的言詞辯論，這時候就算原告不想告被告，也不是原告說了就算，還必須得到被告的同意。這樣的規定，是為了保障被告請求判決的權利。

如果有上過法院打過民事訴訟的朋友，可能會提出一個問題：民事訴訟程序分成準備程序與言詞辯論程序，如果原告在準備程序撤回起訴，還沒進入言詞辯論程序，還需要得到被告同意嗎？

這真是一個好問題，過去高等法院法律座談會就曾討論過這個問題，還分兩派說法。最後，高等法院座談會決議，就算原告是在準備程序撤回起訴，還是須要經過被告同意。因為準備程序是言詞辯論前的準備，實質上是言詞辯論的一部分，還是應該適用民事訴訟法第 262 條第 1 項但書規定。

同樣的，當原告律師遞出原告撤回起訴狀，也不能預設這案件就此結束。

請法官引用我會勝訴的條文

原告：那…我以民法為請求權基礎！

※ 本篇漫畫是一位法官前輩分享的真人真事。

民事案件第一次開庭，法官會問原告訴之聲明與請求權基礎為何？訴之聲明是原告希望法官怎麼判，而請求權基礎則是原告上法院告被告的法條依據。

根據司法院書狀範例說明：「請求權基礎與聲明為審判核心，為確定兩造當事人請求內容，避免脫漏、誤解，並方便兩造當事人之攻擊、防禦，得使當事人就請求權基礎與聲明內容作簡要說明，以提高審判效能。」

因為別人的行為造成自己的損害，因此要求賠償時，請求權基礎大多是民法第 184 條規定，例如：詐騙集團被害人向騙他的人求償。當土地所有人向他人請求拆屋還地時，請求權基礎則是民法第 767 條規定。

由於要明確知道法律爭議的請求基礎，是需要相當法學專業，一般人很難精確引用。就此，司法院很貼心就常見的民事訴訟提供書狀範例，其中部分書狀範例就有寫出請求權基礎。

例如拆屋還地的案件，民事起訴狀範例就先幫民眾寫好：「被告所為已致原告所有權之行使受有損害，為此依民法第 767 條第 1 項前段、中段規定，本於所有權之行使提起本件訴訟，請求被告拆除占用之地上物，而將土地返還於原告。」

但是，如果真的不知道自己要告人的請求權基礎是什麼，還是建議付費諮詢專業律師喔。

法官，他說的和調解時的不一樣

所以原告沒有拿錢給被告的證據？

有呀！他調解說願意還錢！

民事訴訟法小教室：
當事人所為之陳述或讓步，於調解不成立後之本案訴訟，不得採為裁判之基礎。

是男人的話，說話要算話！

阿伯，這是法律規定的。

很多案件開庭前都會先經過調解，調解委員或法官為了順利調解，會盡可能讓當事人暢所欲言，或規勸當事人讓步，這樣才可能調解成立。

為了讓當事人暢所欲言與願意讓步，民事訴訟法第 422 條規定，調解程序中，調解委員或法官所為之勸導及當事人所為之陳述或讓步，於調解不成立後之本案訴訟，不得採為裁判之基礎。

依據本條規定，當事人在調解程序說的或願意退讓的條件，如果調解不成立，是不可以拿到法院訴訟上主張。

可是，到了法院，卻看到有民眾和法官說：他調解時說五十萬就可以了，但原告卻在訴訟上要求一百萬，可見是獅子大開口！

或有民眾和法官說：法官！他現在說的和調解時說的不一樣，他現在是在說謊。

法官這時候會很無奈說：調解時說的或讓步，在調解不成立後的本案訴訟，我們法院不能拿來採納……。

然後直白的阿公或阿桑則會回法官說：做人說話要算話，說過的話就要負責！

CHAPTER 5
多一點法律常識

加班的法官遇見加班的詐騙集團

法官深夜加班中…

我這裡是網路書局，你有訂了…幾本書，請問…

你這麼晚還在上班，公司有沒有違反勞基法？還有，我早上取消訂單了，請更新資料！

(掛電話)

真是溫暖而富有人性的法官，還關心詐騙員工的勞動權益（誤）

看了一位法官前輩的臉書貼文，他寫接到冒稱網路書局的客服人員來電。這位法官還算有耐心，不僅沒有直接掛斷，居然還關心起詐騙集團員工的勞動權益（誤）。這讓我想到民事訴訟法學者邱聯恭教授的名言：「溫暖且富有人性的司法。」

其實，不只這位法官，臉書上看過不少朋友都接過冒稱網路書局的客服人員來電。根據內政部警政署刑事警察局統計，2022 年高風險賣場前五名，依序是博客來網路書店、旋轉拍賣、蝦皮拍賣、誠品書局及迪卡儂。所以，當我們接到網路書局的客服人員來電要特別留意。

有趣的是，一般人知道是詐騙集團來電，多半選擇直接掛斷，但這位法官居然開始關心詐騙公司有沒有違反勞動基準法。依照勞動基準法第 30 條規定第 1 項規定，勞工正常工作時間，每日不得超過八小時，每週不得超過四十小時。如果在正常工作時間以外的時段加班，則必須依勞動基準法第 32 條第 1 項規定，經過工會或是勞資會議同意，還要依勞動基準法施行細則第 20 條進行公告。

疑？這位法官關心詐騙集團員工勞動權益時，你自己也在加班耶！

有原則就有例外

俗話說：有原則就有例外。

※ 本篇取自一位法官前輩討論原則與例外。

讀法律系時，不管念什麼法律，都要記很多原則。但是，要記的不只有原則，因為有原則就有例外，所以還要記例外。特別是，例外通常是老師愛考的考題。

念民法時，一定會念到損害賠償。因為世界上每分每秒都在發生損害賠償案件，例如：車禍損害賠償、侵害配偶權損害賠償、漏水損害賠償等，最常發生且適用最廣，念民法時必讀。

念到損害賠償時，就會讀到損害賠償的方法，以回復原狀為原則，金錢賠償為例外。以前上課或讀書，多半會舉一個實例：有人砍掉鄰居種植的桃樹，原則上砍樹的人要回復原狀，將桃樹回復成原來的樣子。可是，就算砍樹的人移植同年生、同品種、同數量的桃樹賠償損害，也無法回復原來的桃樹。這時候就算回復原狀即顯有重大困難的情形，鄰居可以得請求以金錢賠償其損害。

念刑事訴訟法時，必讀偵查不公開原則。所謂偵查不公開原則，是指刑事偵查程序、內容及所得的心證均不公開。

偵查不公開原則也有例外，例外是依法令或為維護公共利益或保護合法權益有必要，偵查中因執行職務知悉之事項，可以公開或揭露予執行法定職務必要範圍以外之人員。例如社會矚目案件，可以適度公開說明。

所以，下次看到小吃店原則禁外食，可以問問老闆例外是什麼？

03

老師這樣影印違法喔

女兒你在看什麼？
這麼認真？

我們老師印＿故事書
前半段，回家閱讀。

你們老師這樣違法耶，
這應該超過合理範圍！

媽媽，爸爸剛剛判
我們老師違法啦！

在國小女兒心中，老師地位遠高於爸爸…

※ 本篇取自一位法官前輩家庭對話。

186

這樣的場景可能出現過在你我家庭。老師幫學生印教材，來幫助學生學習。

老師因教學需要，常會影印書籍、雜誌或文章，這樣影印的行為就是著作權法上的「重製」。重製行為要合法，一是取得著作財產權人的同意，二是在合理範圍內。如果影印超出合理使用範圍，還是必須事先經過著作財產權人的允許，否則就是侵害著作權。

那麼什麼是「合理範圍」？有網路謠言說只要影印不超過三分之一，就在合理範圍內。這網路謠言大錯特錯，如果影印一本書的四分之一，很難說是合理範圍內。如果漫畫中老師影印故事書前半段，很明顯也不在合理範圍內。

究竟什麼是合理範圍？由於法律沒有一個明確規定，就是每個法官依據個案來判斷。經濟部智慧財產局對於供學生使用而重製多份時，建議：「同一本書、期刊雜誌使用的比例：如為同一作者，短詩、文章、故事不超過1篇、摘要不超過2篇；同一本集合著作、期刊雜誌不超過3篇。如屬報紙上的文章，同一學年同一課程不超過15件著作。」

至於漫畫中的法官，可能直接和老師建議，比較好。

沒被抓包就沒有前科

媽媽的意思是無前科紀錄，故素行良好

※ 本篇靈感來自法官前輩與檢察官前輩討論前科的貼文。

最高法院大法庭的累犯裁定（110 年度台上大字第 5660 號裁定），主文表示檢察官應就累犯主張並負實質舉證責任，不過理由則要求檢察官不准使用被告「前科表」作為認定累犯的依據，如此要求引起討論。

那什麼是前科呢？其實，不管是刑法還是刑事訴訟法，都沒有規定「前科」這個名詞，也沒有定義什麼是前科。有明確提到前科的法律規定，是個人資料保護法第 2 條第 1 款界定個人資料包括犯罪前科，而個人資料保護法施行細則第 4 條第 6 項有明確定義前科，是指經緩起訴、職權不起訴或法院判決有罪確定、執行之紀錄。

既然經檢察官提起公訴，才可能有前科。因此，沒有被檢察官發現的犯罪以及沒有被檢察官起訴的，都不算是犯罪前科。

此外，有時候應徵工作時，公司會要求所謂的「良民證」。良民證的正式名稱是「警察刑事紀錄證明」。根據警察刑事紀錄證明核發條例第 3 條規定，警察刑事紀錄證明，是指警察機關依司法或軍法機關判決確定、執行之刑事案件資料所作成之紀錄證明。其中，規定「判決確定」才會列入紀錄，故與上面說的犯罪前科相比較，範圍更小。

法官，我同意與對方離婚

訴訟中一方突然大轉變，鐵定有隱情⋯

※ 本篇取自一位律師前輩的臉書貼文。

案件之所以會到法院，絕大多數是雙方沒有共識或一方沒有意願。例如：欠錢的人不想還錢，債權人告上法院。或者是夫妻一方想離婚，但他方不想離婚。

依照我國民法規定，離婚可分成：兩願離婚、裁判離婚與調解（和解）離婚。如果夫妻都願意離婚，就是兩願離婚，雙方協議離婚就好，不用走上法院。

調解（和解）離婚則是通常一方不願意離婚，最後在法院調解或和解離婚，但沒有到法庭上針鋒相對。依照家事事件法第 23 條規定，如果夫妻一方訴請離婚，在請求法院裁判前，應經法院調解。所以，只要不是兩願離婚，調解程序是離婚必經之路。

裁判離婚則是夫妻談都沒得談或談了幾次條件都談不攏，在這樣情況下，就必須請法院判決離婚。依照民法第 1052 條第 2 項規定，有同條第 1 項規定以外之重大事由，難以維持婚姻時，夫妻之一方得請求離婚；但其事由應由夫妻之一方負責，只有他方得請求離婚。簡單說，就是做錯事那方不可以請求離婚。

過去聽前輩分享過許多原本不想離婚的一方，在調解時或訴訟中願意離婚。事出有因，背後可能是不願意離婚的那方交了男朋友或女朋友，也可能是不想和對方繼續下去了，也可能是拿到自己想要的便不堅持維持婚姻了。

當不想離婚的一方突然說：法官，我同意與對方離婚！法官絕對願意讓雙方好聚好散。

06

法官，我是你同學

我絕對不會說那位同學這麼健忘。

※ 本篇是 P 律師真人真事詭故事。

某個案件經調解委員協調後還是有點差距，書記官通知法官後，法官可能覺得雙方調解的意思已甚接近，法官便下樓和原告與被告詳談。最後，調解成立。

調解成立後，法官、調解委員、原告與被告都開心，大家等調解筆錄時閒聊了起來。法官這時候問：原告大律師，你好面熟，是不是最近開過我的庭？

我說：哈哈哈，我們是研究所同學。

很多人聽到這段趣事時，第一個疑問是：法官和開庭律師是同學，應該要迴避吧？之所以有法官迴避制度，是為了公平審判，讓法官可以公正審判。依照民事訴訟法規定，迴避情況有自行迴避、聲請迴避與上級裁定迴避。

當法官和律師是同學，不構成民事訴訟法第 32 條應自行迴避的情形。唯一要討論的，是有沒有聲請迴避規定的「足認其執行職務有偏頗之虞」？目前法院認為，所謂「足認其執行職務有偏頗之虞」，是指法官與訴訟關係人具有故舊、恩怨等關係，其審判恐有不公平而言。

說實在話，在法庭上實在很有可能遇到同學、學長、學姊、學弟或學妹，對於幾間司法官律師錄取人數高的大學法律系，更是如此。如果有學校關係就可以聲請迴避的話，可能……。

問候的發語詞

幹！好久不見，你怎麼禿頭了！

幹！還敢說我勒，你看起來像黑道！

幹！一個黑道，一個禿頭！

那桌人是？？？

律師　法官　檢察官

幹　幹　幹

他們是二十年沒見的法律系老同學…

不少人可能因為工作環境,或遇到多年沒見的大學同學,問候時會加個幹,例如:幹,最近死到哪裡去了。

這樣的情況,也可能出現在法官身上。本篇靈感之一,就是某次遇到許久不見的法官學長,學長第一句話就是:幹,最近如何?

我在大學兼課時,偶有學生來問妨害名譽的法律問題。我說要成立公然侮辱,必須是行為人有損害他人名譽的故意。如果行為人沒有損害他人名譽的故意,就不會成立公然侮辱。

最高法院 110 年度台上字第 30 號刑事判決有清楚的說明,該判決先指出有公然侮辱,不是以「粗鄙、貶抑或令人不舒服之言詞=侵害人格權/名譽=侮辱行為」此簡單連結的認定方式,以避免適用上之違憲,並落實刑法之謙抑性。

該判決認為法院應先詮釋行為人所為言論之意涵,不可以斷章取義,需就事件脈絡、雙方關係、語氣、語境、語調、連結之前後文句及發表言論之場所等整體狀況為綜合觀察,並應注意該言論有無多義性解釋的可能。例如「幹」字一詞,可能用以侮辱他人,亦可能作為與親近友人問候之發語詞(如:「幹,最近死到哪裡去了。」),或者宣洩情緒之詞(如:「幹,真衰!」)。

就像這篇漫畫,律師、法官與檢察官是好久不見的大學同學,這時候說「幹」,就是作為與大學熟識同學問候的發語詞。

蛋蛋一顆三十萬

爸爸，又有恐龍法官了，大學生蛋蛋破一顆，只判賠三十萬⋯

不是吧⋯

國民法官 2023上路

鄉民說恐龍法官不意外，又是在高雄⋯

那是刑事判決，三十萬是緩刑的條件，那大學生還是可以請求民事賠償。

爸我聽不懂⋯

那你要不要讀法律系⋯

評論判決前，要看得懂判決喔。

※ 本篇取自臺灣高雄地方法院 109 年度交簡字第 2483 號刑事判決與
　網路討論。

關於臺灣高雄地方法院 109 年度交簡字第 2483 號刑事判決，案件事實大概是：被告開大貨車沒有注意即貿然左轉，就這樣撞到被害人，導致被害人骨折、睪丸破裂及包皮撕裂傷。法官的判決主文是寫：被告犯過失傷害罪，處有期徒刑三月，如易科罰金，以新臺幣一千元折算一日。緩刑三年，並應於本判決確定後之一年內，向被害人給付新臺幣三十萬元。

不少人看到新聞報導寫被告只要賠被害人給付新臺幣三十萬元，開始罵恐龍法官或白癡法官。這誤會大了，中間有許多觀念必須釐清。

首先，訴訟有三種：民事訴訟、刑事訴訟與行政訴訟。一個人被詐騙了，如果想要讓詐欺犯罪有應得，是提出刑事告訴，經過刑事訴訟，讓詐欺犯被判刑，這是刑事判決。如果想要詐欺犯吐還被騙的錢，則要提起民事訴訟或刑事附帶民事訴訟，法官依照民法判詐欺犯還錢，這是民事判決。

新聞報導的是刑事判決，只處理大貨車被告的刑事責任，沒有決定被告總共要賠被害人多少錢。事實上，被害人也的確提起刑事附帶民事訴訟要求賠償，可以查閱臺灣高雄地方法院 109 年度交簡附民字第 197 號刑事裁定。

那這個刑事判決寫到被告要給被害人三十萬，是怎麼回事？是法官為緩刑宣告時，依照刑法第 74 條第 2 項規定，要求被告遵守的事情。

這樣放影片違法喔

※ 本篇靈感來自陪女兒兒子看汪汪隊電影，加上看章魚法官「創意還是仿冒」一文。

做律師當老師以來，發現很多老師與學生對於著作權法沒有基本概念，導致已經違反著作權法規定而不自知，經由本篇分享幾個常見問題與正確觀念。

第一個問題：我想在教室放電影給同學看，一定要放公播版嗎？

要喔！根據經濟部智慧財產局說明，影片分為「家用版」與「公播版」；而「公播版」就是業者授權民眾得在公開場所播放；至於「家用版」，只能讓民眾在家中觀賞，並沒有授權向公眾播放。

依據著作權法規定，在學校放映給同學看會涉及到「公開上映」的行為，所謂公開上映是指「以單一或多數視聽機或其他傳送影像之方法於同一時間向現場或現場以外一定場所之公眾傳達著作內容」，例如：在戲院播放電影。「公開上映權」為著作財產權人所專有，需要取得影片「公開上映」的授權，才可以向不特定人播放影片。

第二個問題：那我登入串流平台，將該電影放給同學看可以嗎？

不行喔！除非串流平台有特別說明該電影授權公開播映，例如：Netflix 就部分原創教育類紀錄片可用於一次性教育用途播映，如果是老師，Netflix 允許老師在每個學期都播放一次這些電影或影集。

所以，即便漫畫中法官女兒登入串流平台，一樣不能放給全班同學看。

備選國民法官通知書

書記官

書記官：超過六點每小時五百，比我加班費還多…

※ 本篇綜合一位法官前輩貼文與朋友關於國民法官的討論。

有朋友希望自己可以被抽到國民法官，覺得可以參與審判是難得機會。另有朋友希望自己不要被抽到，因為這樣好幾天都要上法院，而且不想看到重大刑案的證據資料。

須注意，抽到備選國民法官通知書，不代表就是一個案件的國民法官。

依照司法院「國民法官怎麼產生的？」的說明：「在前一年的 9 月 1 日前，法院會估算隔年所需要的國民法官人數並通知轄區地方政府，地方政府會從符合資格的人中『隨機抽選』一定人數，製作成『備選國民法官初選名冊』提供給法院，由法院設置的「審核小組」進一步審查並排除不具資格的人後，製作『備選國民法官複選名冊』，法院會寄送通知給列入『複選名冊』中的備選國民法官，讓他（她）們知道明年可能被抽選為國民法官。」

因此，當民眾收到備選國民法官通知書，是民眾被納入備選國民法官複選名冊，還只是「備選」，不代表已經是特定案件的國民法官。接下來還有第二階段程序「抽選候選國民法官到法院參加選任程序」與第三階段「選任程序抽選出國民法官」，經過這些程序，才會成為特定案件的國民法官。

總之，民眾收到備選國民法官通知書，不要擔心，也不用開心，更不要打到法院說自己沒空當國民法官或問什麼時候開始。記得，收到備選國民法官通知書只是明年可能被抽到而已。

11

提供帳戶幫助詐欺的日常

你為何提供帳戶給詐騙集團？

詐欺幫助犯

報告法官，我沒有！

我是借帳戶給做生意的好朋友！

詐欺幫助犯

那你好朋友姓名？

住哪裡？

詐欺幫助犯

嗯…

我只知道他叫阿文，不知道住哪裡…

幽靈抗辯是刑事法庭的日常。

根據各地方檢察署的統計，每年偵查終結案件前三名都有詐欺罪。以臺北地檢署來說，從 2019 年到 2022 年，每年偵查終結案件數最多的是詐欺罪，而且還逐年成長，甚至 2022 年詐欺件數是 2019 年二倍多。

詐欺罪裡頭，不少人是因為提供帳戶給詐騙集團而被認定為詐欺罪的幫助犯。如果提供帳戶的人，還提供帳戶可能會掩飾、隱匿其犯罪所得財物之去向及所在，還可能會成立洗錢幫助犯。

我每次去刑事庭旁聽，幾乎每庭都可以旁聽到這種提供帳戶給詐騙集團的案件。對於刑事庭法官來說，審理此類詐欺罪幫助犯的案件，是日常。

奇妙的是，不管是旁聽還是看判決，因為提供帳戶給詐騙集團而被起訴的被告，上了法庭的答辯大同小異。

最常出現的，就是被告表示沒有提供帳戶給詐騙集團，詐騙集團之所以會利用自己的帳戶，是因為自己提款卡掉了，恰好被詐騙集團撿到拿去用。

如果法官進一步質疑詐騙集團只撿到提款卡，怎麼有辦法領錢？被告多半會說因為自己習慣將密碼與提款卡放在一起，或者說自己是將密碼寫在提款卡上。

另一種常見的答辯是，有朋友要做生意或設立公司，和自己借帳戶去使用，不知道為何帳戶會流到詐騙集團手中。

如果法官進一步問該位朋友姓名，被告往往說只知道外號而不知道本名，或是不知道朋友聯絡方式或住哪裡。

12

腳底按摩與內線交易

隱藏為按摩師傅的股市作手。

本篇漫畫取自臺灣高等法院 104 年金上訴字 53 號刑事判決，被告是一位按摩師傅，在幫一位上市公司執行長進行足部按摩時，聽到執行長談論公司併購的重大消息，被告因而去買該家上市公司的股票，後來被起訴內線交易。

看財經或社會新聞，常常看到一些知名公司內部人涉及內線交易被報導，甚至被起訴，後來法院怎麼判？

之前看一篇內線交易的實證研究，涉及內線交易的被告被起訴後，有百分之六十八無罪。後來看到林孟皇法官分析 1990 年到 2009 年共計 77 件內線交易刑事判決，被告在一審或二審被判決有罪的，大概是二成。

為什麼法官會這麼判？很大的原因是因為內線交易規定存在很多解釋空間。

依照證券交易法第 157 條之 1 第 1 項規定，所謂內線交易，是指內部人實際知悉發行股票公司有重大影響其股票價格之消息時，在該消息明確後，未公開前或公開後十八小時內，不得對該公司之上市或在證券商營業處所買賣之股票或其他具有股權性質之有價證券，自行或以他人名義買入或賣出。

什麼是「實際知悉」？什麼是「重大影響其股票價格之消息」？何謂「消息明確」？見仁見智。在這樣情況下，被告就有很多答辯的空間，例如：這個案件的按摩師傅答辯自己是在不確定情況下抱持賭博心態購買公司股票，所為不該當「實際知悉」的要件。

鮮少敦倫……

被告對原告訴請離婚有何答辯？

鮮少敦倫外，其他都不是真的！

其他都否認嗎？

蹲輪？燉倫？

敦倫

ㄉㄨㄣ ㄌㄨㄣˊ

釋義請查閱國語辭典…

※ 本篇漫畫靈感取自許多離婚判決。

當夫妻一方不想繼續婚姻而他方不願意時,往往就會上法院訴請離婚,然後在訴狀與法庭上述說為何不能和另一半繼續下去,這是家事法官的日常。

我們所理解的婚姻自由,範圍不只涵蓋結婚自由、維持婚姻關係,也包含解消婚姻的自由,即如是否及何時終止(退出)婚姻關係的離婚自由。當他方不同意離婚時,國家就婚姻相關制度規劃或規範設計,應使人民有請求裁判離婚的機會,也就是法律應該要有單方可以訴請離婚的規定,即我國民法第 1052 條的規定。

觀察法院判決,訴請離婚的理由很多種,有人主張夫妻分居多年而形同陌路,也有人主張另一半不做家事、懶惰髒亂。電視劇最喜歡演的老公外遇小三或老婆有了小王,在真實離婚判決中也看得到。

其中,也有人因夫妻間鮮少敦倫或未有敦倫而訴請離婚,然後在訴狀上寫著:夫妻間敦倫乃共同生活之一部分,故夫妻間對性之需求,不僅為生理上之需求,亦為自然法則,故若未履行人倫,乃有違人道等。

在法律上要討論的是鮮少敦倫或未有敦倫是民法第 1052 條哪個離婚事由?法院通常認為不算是民法第 1052 條第 1 項規定的離婚事由,但如果鮮少敦倫或未有敦倫已形成難以維持婚姻的重大事由者,可以依第 1052 第 2 項規定訴請離婚。

14

深夜三溫暖遇見有罪的被告

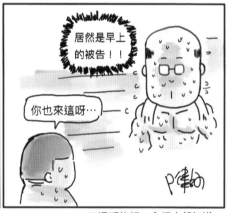

三溫暖的好，內行人都知道。

※ 本篇取自某位法官的真人真事詭故事。

本書一說再說，法官是人不是神。法官既然是人，也需要吃三餐，也會逛市場，也可能去泡溫泉或三溫暖。有不少法官前輩分享過日常生活中碰到當事人的情況：有的是在排自助餐時，碰到當事人來相認；有的是去逛市場時，有案件當事人來打招呼。

法官碰到當事人來相認或打招呼，禮貌性回應，很正常，沒有關係。法官擔心的，是碰到當事人相認或打招呼後，問起自己的案件。

為了維護人民對於司法的信賴，法官不可以和當事人單方接觸或溝通。法官倫理規範第 15 條規定，法官就承辦之案件，除有下列情形之一者外，不得僅與一方當事人或其關係人溝通、會面：一、有急迫情形，無法通知他方當事人到場。二、經他方當事人同意。三、就期日之指定、程序之進行或其他無涉實體事項之正當情形。四、法令另有規定或依其事件之性質確有必要。有前項各款情形之一者，法官應儘速將單方溝通、會面內容告知他方當事人。但法令另有規定者，不在此限。

所以囉，就算在三溫暖遇到審理自己案件的法官，雖然身體上是「祖裎」相見，但不等於想法可以肝膽相照、坦誠相見囉。

國民法官可能不是你想的那樣

我擔任國民法官要注意什麼嗎？

國民法官可能檢視凶案血腥照片，請問你可以接受嗎？

書記官

哈哈哈！我從小到大都被稱為包大膽耶！

檢視照片後：

我以後不要參加了…

如果參與審判後感到不舒服，一定要尋求協助。

我國國民法官法在 2020 年 8 月 12 日經總統公布，自 2023 年 1 月 1 日起，年滿 23 歲的中華民國國民都有機會擔任國民法官。

在臉書上畫了幾幅國民法官的漫畫，許多網友留言表示希望自己可以被抽到國民法官。我問了身邊非法律系的朋友，有許多朋友希望自己可以當國民法官。

周遭有這麼多人想當國民法官，我便在網路上搜尋關於國民法官的討論。發現有少部分人好像忽略一件事情，就是國民法官參與審判及終局評議，不是我們常看到的妨害名譽案件，也不是路上常發生的過失傷害案件，而是特定的重罪案件。

國民法官法第 5 條第 1 項規定，除少年刑事案件及犯毒品危害防制條例之罪之案件外，下列經檢察官提起公訴且由地方法院管轄之第一審案件「應行」（作者強調）國民參與審判：一、所犯最輕本刑為十年以上有期徒刑之罪。二、故意犯罪因而發生死亡結果者。

這些特定重罪案件，可能有血腥且令人不適的證據，而國民法官必須親自用眼睛確認。根據新聞報導，之前橋頭地方法院國民法官模擬開庭，被抽選的國民法官看過凶案證據後，很多人表示以後不想再參加。

請記得，國民法官是與法官共同參與刑事審判，就必須親眼檢視特定刑事重罪的相關證據。

法官，登報道歉可以加愛心符號嗎？

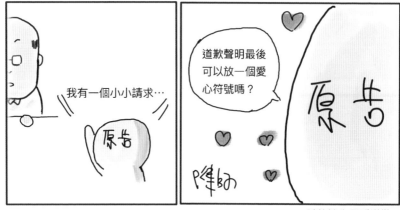

希望被告用愛道歉。

本篇取自某社會矚目案件的道歉聲明，該篇道歉聲明刊登「道歉人 A 公開傳述 B 先生於……的不實言論，損及 B 先生之名譽，特此澄清並表達歉意。」外，還加了愛心符號。

首先，關於原告透過民事訴訟要求被告道歉，憲法法庭 111 年憲判字第 2 號判決已明確表示任何人都不能透過判決命被告道歉。該判決主文是這樣寫的：「民法第 195 條第 1 項後段規定：『其名譽被侵害者，並得請求回復名譽之適當處分。』所稱之『適當處分』，應不包括法院以判決命加害人道歉之情形，始符憲法保障人民言論自由及思想自由之意旨。司法院釋字第 656 號解釋，於此範圍內，應予變更。」

如果現在原告在民事訴訟程序要請被告道歉，就是透過調解或和解，原告與雙方互相讓步，雙方都同意的解決方案。

當被告在調解或和解同意登報道歉時，雙方還是要說好是用什麼方式在什麼時間用什麼內容道歉。如果調解內容是：「被告願在報紙上刊登道歉啟示，向原告致歉。」這個調解內容還是無法執行，因為沒有寫清楚在哪個報紙刊登？是哪個版面？刊登大小？字體大小也沒說。

因此，當雙方在調解或和解同意登報道歉時，只要你情我願，是可以加上愛心符號的。

17

法官，這兩個不是差不多嗎？

寫訴狀用語要精確，不要給法官找錯字喔。

解除和終止，有什麼不一樣嗎？

之前旁聽某件契約爭議的案件，法官很仔細和原告確認：原告究竟是解除契約還是終止契約？原告雖然是做生意的老闆，但沒有精確區分二個的差別，總覺得契約裡寫的是他可以解除契約，就是解除。

在法律實務上只是改一個字或使用不同的詞彙，就可能造成天差地別的意思。

解除或終止固然都是契約現在沒效了，但解除契約是溯及既往使契約自始歸於消滅，而終止合法只是產生契約向後失效，對原來有效法律關係不生影響，二者法律效果截然不同。

有時候，法官為了確認雙方的想法到底是什麼，就會上演法律小學堂，然後解說解除與終止差在哪裡。例如臺灣高等法院臺中分院109 年度重再字第 4 號民事判決寫到「契約經解除者，溯及訂約時失其效力，與自始未訂契約同。此與契約之終止，僅使契約嗣後失其效力者迥異。是契約解除與終止係屬不同之概念，不得混為一談。」法官在這個判決還特別強調，解除與終止不要混為一談！

一般民眾遇到法官花時間確認到底是解除契約還是終止契約，很有可能會在心裡罵：二個不是差不多嗎？這法官真愛鑽牛角尖，盡花時間確認這個無意義的問題。

啊！還有向法院「聲請」，不是「申請」。

到底誰要舉證

阿伯，嘴巴說說不足為證呀！

※ 本篇漫畫取自無數法庭上的真人真事。

以前法官稱為推事，之所以稱推事，是因為法官的工作是根據基礎事實去推求事理。不過，很多人戲稱推事是「一推了事」。

1989 年總統令制定公布司法人員人事條例，一律採用法官的用語；後來修正公布的法院組織法，也將推事之職稱修正為法官。

由於法官是根據證據來確定事實，進而決定適用什麼法律，所以證據對於訴訟來說，是決定勝敗的關鍵。

如何決定誰要負舉證責任？依照民事訴訟法第 277 條規定，當事人主張有利於己之事實者，就其事實有舉證之責任。例如：債權人告債務人欠錢，那麼債權人要先舉證證明債權存在。

提出證據後，當事人要說服法官到什麼程度，還有是所謂的說服責任。刑事案件以無罪推定為基礎，說服責任比民事案件還高。民事案件採優勢證據法則，由法院依據兩造所提的證據綜合觀察，看誰提出的比較可以相信，然後下判決。

這也是為什麼常聽到：「舉證之所在，敗訴之所在。」

19

我打人是正當防衛啦

被告：報告法官，他本來就豬頭…

如果去法院旁聽傷害刑事案件，很常聽到打人的被告說自己是正當防衛，這是刑庭法官的日常。

被告在法庭上可能會說：法官，我是被冤枉的，是告訴人先動手打我的，我還手是正當防衛。

對於這種二個人打來打去的情況，法官多半會在判決書上寫：「被告與告訴人之行為核屬互毆，而非對於現在不法侵害所為必要排除之反擊行為亦明，被告自無主張正當防衛之餘地。」

如果在司法院裁判書系統搜尋「正當防衛」，搜尋結果有近二萬個判決。如果仔細看判決，多數判決都不認為被告可以主張正當防衛。

這是因為所謂的正當防衛，刑法第 23 條明文規定是對於現在不法之侵害，而出於防衛自己或他人權利之行為。很多時候，刑事被告的行為根本不是對當下不法侵害所為反擊，或觀察整體行為過程，很難認為被告具防衛之意思，反而感覺像被告在報復或殺紅了眼。再來，就算是正當防衛，還是要注意防衛不能過當，如果防衛行為過當，不是不罰，而是可以減輕或免除其刑。

那什麼是防衛過當呢？之前有法官以三隻小豬舉例，就是大野狼在第三隻小豬家，要從煙囪爬進去把三隻小豬都吃掉。如果豬小弟在壁爐燒了一盆熱水，讓大野狼被熱水燙傷逃走，這是正當防衛；但如果豬小弟在壁爐燒了一盆熱水，讓大野狼掉進熱水還蓋鍋蓋，這就是防衛過當。

有證據證明遺囑指印是假的嗎？

屍骨未寒就在吵遺產⋯

※ 本篇漫畫靈感取自一位法官前輩分享。

民法規定遺囑有幾種方式，不管是哪一種，原則上都要求遺囑要自己簽名，例外情況下可以按指印。例如：民法第 1194 條代筆遺囑規定，遺囑人不能簽名者，應按指印代之。

如果之後有繼承人爭執指印不是遺囑人按（蓋）的，遺囑上指印是假的，怎麼辦？

稍微知道訴訟程序的人會回答：很簡單，聲請鑑定指印呀！可是，要進行鑑定比對，前提是要有可以比對的指印資料。如果沒有可供比對的遺囑人指印資料，自無從進行鑑定。

運氣好的，可以從以前銀行開戶申請書或電信申請書找到遺囑人以前按的指印，就可以提出給法院鑑定比對。

如果開戶或電信申請書是簽名沒有指印怎麼辦？如果遺囑人以前坐過牢，依照監獄行刑法第 14 條規定，當初入獄時應採取指紋。如果遺囑人以前當過兵，依照兵籍規則第 3 條規定，兵籍表登錄的資料可能有指紋。

如果還是沒有，就聲請當初看到遺囑人按指印的人來作證，千萬不要如本篇漫畫做不孝行為。

如果沒有遺產的話

有錢反而增加煩惱…

看到父母離世後，子女為了遺產吵到法院，這是家事法官的日常。

人說：生是偶然，死是必然。死亡是必須面對的事情，如果可以，就必須先安排好之後的遺產分配。

觀察法院判決，其實很多人懂得用遺囑事先安排。這是很好的一件事情，至少有預先規劃。不過，仔細看很多法院判決，很多人雖然懂得用遺囑安排，卻忽略遺囑的法定方式。例如：自書遺囑不能打字，要自己手寫遺囑全文，記明年、月、日，並親自簽名。還有，代筆遺囑要由遺囑人指定三人以上的見證人，不是自己加上幫忙寫遺囑的人就可以。

完成遺囑後，最怕的是沒有人知道自己有寫遺囑，寫了等於白寫。寫了放很久才被發現也不行，實務上很多遺囑放太久才拿出來，結果被繼承人爭執是假的案例。

此時可以放在銀行保管箱，也可以請律師代為保管。到時候繼承人去開銀行保管箱就可以發現，或是律師知道死訊後拿出來公開。

只是，遺產要做到公平分配不容易，總是有人想多拿一邊，即便事先寫了遺囑，還是會發生爭議。

之前一位家事法官分享，如果沒有這些遺產，兄弟姊妹是不是就可以感情如往？至少相安無事？

有點感嘆。

氾濫的電話詐騙

2013年：

中國口音：這裡是B網路書店，請問是L先生嗎？

我是馬英九！

掛！嘟嘟嘟…

2023年：

中國口音：這裡是B網路書店，請問是L先生嗎？

我是蔡英文！

掛！嘟嘟嘟…

法官表示：下次打來就說是＿＿＿＿。

現在每個人幾乎每天都可能接到詐騙電話，法官也是人，所以法官每天也可能接到詐騙電話（詐騙集團名冊上面應該沒有標明「這位是法官」）。

這種用電話詐騙的手法，算電信詐欺的其中一種。而所謂電信詐欺，是指以網路、電話、簡訊等方式進行詐欺的犯罪行為。

現在電信詐欺有多氾濫？根據法務部詐欺罪案件統計分析：「2017年到 2021 年的詐欺罪案件偵查終結 50 萬 7,859 人，其中屬電信詐欺恐嚇案件者占六成三，占比呈逐年上升，2021 年達七成四……。」

在這麼氾濫的情況下，法官沒開庭會接到詐騙電話，開庭則會審理電信詐欺的案件。根據一位在刑事庭的法官前輩分享，他有一段時間審理的案件，竟然有一半與電信詐欺有關。

雖然電信詐欺的刑事案件這麼多，但被告多是車手或提供帳戶的人，幾乎看不到被告是詐騙集團的首腦。

詐騙這麼盛行，有許多原因，而我在寫這篇文章時，看到新聞報導標題下「詐團買人頭帳戶 1 本喊價 40 萬」，唉……。

懂法律才不會被欺負

法律也是有極限的…

※ 這篇取自一位法官家庭對話的漫畫，告訴我們：法律也是有極限的，有時候實力比法律有用……。

很多人從小都聽過「法律只保護懂法律的人」或「懂法律才不會被人欺負」。

做律師以來，更看過不少人因為不知道法律而沒辦法保障自己的權益，或因為不懂法律而被人設計。在法律之下，總是那些懂法律的人比較容易被保障。

在大學兼任講師教授法律科目，我通常會利用一節課講基本要有的法律觀念或出社會必須要懂的法律知識。分享這些有三個目的：第一，希望學生畢業後，碰到法律事件雖然不一定能找到其中的爭議點，但至少要有「這邊好像有點問題」的能力。第二，懂得法律，可以在希望對方採取行動時，告訴他做了的好處與沒做的後果（法律後果）。第三，知道事情牽涉那些法律問題後，要知道到哪裡找資源以及如何解決法律問題。

我和幾位律師、檢察官或法官朋友或前輩，都贊同一般人（包括自己的小孩）要懂基本的法律常識，才能在社會走跳時趨吉避凶。不過，有趣的是，不少律師、檢察官或法官深知從事法律實務工作的辛酸與辛苦，都希望小孩不要步上自己後塵，希望小孩千萬別來念法律。

法官的日常

原來法官這樣想，你一定要知道的法律知識

作　　　者	P律師
責任編輯	呂增娣
校　　　對	魏秋綢、P律師
封面設計	劉旻旻
內頁設計	劉旻旻
副總編輯	呂增娣
總 編 輯	周湘琦

董 事 長　趙政岷

出 版 者　時報文化出版企業股份有限公司

　　　　　108019 台北市和平西路三段 240 號 2 樓

發 行 專 線　(02)2306-6842

讀者服務專線　0800-231-705 (02)2304-7103

讀者服務傳真　(02)2304-6858

郵　　　撥　19344724 時報文化出版公司

信　　　箱　10899 臺北華江橋郵局第 99 信箱

時 報 悅 讀 網　http://www.readingtimes.com.tw

電子郵件信箱　books@readingtimes.com.tw

法 律 顧 問　理律法律事務所　陳長文律師、李念祖律師

印　　　刷　勁達印刷有限公司

初 版 一 刷　2023 年 12 月 15 日

初 版 五 刷　2024 年 8 月 23 日

定　　　價　新台幣 420 元

法官的日常：原來法官這樣想，你一定要知道的法律知識 /P 律師著 .-- 初版 .-- 臺北市：時報文化出版企業股份有限公司，2023.12

　面；　公分

ISBN 978-626-374-655-8(平裝)

1.CST: 法律 2.CST: 法官 3.CST: 通俗作品

580　　　　　　　　　　　　112019648

ISBN 978-626-374-655-8
Printed in Taiwan.